nuevanarrativa
bestseller

Puerto Vallarta

Robert J. **Waller**

Puerto Vallarta

plural

Título original: *Puerto Vallarta Squeeze (The run for el Norte)*
Traducción: Miguel Martínez-Lage

1.ª edición: abril 2000

Printed in Spain

ISBN: 84-413-1377-6
Depósito legal: B-13749-00

Impresión: Printer. Industria Gráfica, S.A.
Sant Vicenç dels Horts (Barcelona)
(1-04-00)

A las flores
y las canciones tristes.

Y a Jim Flansburg y Jim Gannon
que confiaron en mí muy al principio.

En serio, Luz era buena de verdad: tenía un corazón de oro y todo lo que hay que tener. Joder, si no era más que una simple campesina, una muchachita que trataba de procurarse lo mejor que ofrece la vida. Había que verla: la mayoría de las veces se ponía tan guapa que cortaba la respiración, sobre todo si se adornaba con una flor en el pelo y se pintaba los labios con carmín de color rosa. Estaba guapísima incluso con aquel sombrero de paja tan barato que le compró Clayton Price. Todavía la veo así, con el sombrero de paja y el vestido amarillo, cuando él la transportó a través de un riachuelo en un rincón de la campiña mexicana: era como una mariposa a lomos de una víbora nariguda... Clayton Price, ese hijo de puta. A pesar de todo, no quedaba más remedio que admirarlo aunque fuera con un punto de perversidad. Incluso llegó a darme lástima un par de veces.

DANNY EUGENE PASTOR, octubre de 1994

La ventaja irritante de Clayton Price era que nunca titubeaba, ni una sola vez, al menos no lo hizo durante el tiempo en que yo lo traté. Mientras el resto de la gente se mantenía a la espera de que sonara la campana, él ya había salido de su rincón para liarse a golpes con quien fuera. En los viejos tiempos, era capaz de salir zumbando cuando el resto de la peña aún estaba arrancando los camiones. No consigo entender qué le pudo pasar, en qué estaba pensando al final.

MACKENZIE WATT, mercenario

ALLÁ DONDE VAYAN LOS HOMBRES

Ese tal Lobo, un menda cuyo verdadero nombre era Wolfgang Fink, tocaba de maravilla la guitarra española en un local de Puerto Vallarta llamado Mamma Mia. Tenía un socio que atendía por el nombre de Willie Royal, un individuo alto y desgarbado que empezaba a quedarse calvo, llevaba gafas y tocaba jazz en el violín en plan flamenco. Habían compuesto todo un repertorio a base de canciones de su propia cosecha; por ejemplo, *Improvisación # 18* y *Gipsy Rook.* Las tocaban con verdadera entrega, con pasión, para ejecutar después sendas versiones de *Amsterdam* y *The Sultan's Dream,* metiéndoles tanta caña que uno se quedaba como si fuera dos veces libre o incluso más, sobre todo cuando el día había sido pasable y la noche aún encerraba algunas promesas por descubrir.

Lobo, con su rostro curtido por el sol y sus rasgos endurecidos, no perdía de vista desde su taburete las contorsiones y las muecas de Willie Royal, con las que algunas veces conseguía una imitación muy acertada de mascarilla de muerto: la muñeca de su mano derecha parecía casi inerte, pero agitaba el arco del violín sobre las cuerdas a una velocidad endiablada, logrando una melodía en la que se intercalaban los punzantes arpegios de

Lobo y el golpeteo de sus dedos en el mango de la guitarra.

Era buena música, una música maravillosa a la par que intensa y salvaje. Aquellas noches en que el sudor te corría a raudales por la espalda y te barnizaba la cara, noches en que las gringuitas estaban tan buenas como para comérselas de un bocado —y sabían que estaban así de buenas, y no quitaban ojo del gentío, en busca del que tuviera pinta de ser tan hombre como para probar suerte con ellas—: aquellas noches era como si todos cabalgasen a lomos de la música mientras bebían y daban palmas sin cesar, al ritmo del flamenco, o bailaban entre las mesas del restaurante.

En aquel entonces todo era una locura, una locura sensacional con tal de que uno no se fijara demasiado. La música era al principio como un llamamiento a la reunión de todos, y más avanzada la noche era como el papel pintado que serviría de fondo decorativo a los empeños nocturnos de un desangelado ejército de exiliados, cuyos integrantes jamás hablaban de sus jodidas vidas, ni de sus almas sucias y empequeñecidas. Sally, la que vivía río arriba, estaba trabajando en sus esculturas de bronce mientras Dave, el del cerro, seguía empantanado en lo que él denominaba su periodo «Matisse regresivo». Casi todos los demás hablaban de hacer algo un día de éstos —algo que no sería una memez, entendámonos—, y los «un día la voy a armar bien gorda» que se pronunciaban en el transcurso de cada hora terminaban por equivaler al número de tequilas consumidos. Desde cualquier distancia que se quisiera contemplar el espectáculo, era semejante a un conjunto de amebas que se deslizase por una placa de cristal en pos de la siguiente fuente de alimentación que le saliera al paso, más o menos satisfechas con lo que encontraran, o más bien menos. Menos era más fácil que más, y tampoco exigía reducir la cantidad de horas que uno pasara en la playa.

Sin embargo, nada de todo esto importaba a no ser que uno se parase a pensarlo. Y pensar era una actividad que convenía reducir al mínimo indispensable e incluso suprimir, al estar considerada una reliquia de un mundo ya caduco, un mundo del que todos ellos se habían fugado... o bien del cual habían sido liberados, según fuera la caridad y el punto de vista con que se mirase el asunto. La reflexión o el recuerdo, juntos o por separado, terminaban por sacar a la luz cosas que estaban mejor enterradas bajo muchas paletadas de tierra. Bien tamizado, hervido y rehervido, vuelta y vuelta y refrito para terminar, el mundo se había convertido en un sencillo lugar donde pasar la vida. Era una suerte de darwinismo pervertido en el que mandaba la carne, si bien la especie iba en declive.

Y así era: sonaba la música, la gente daba palmas y bailaba, y las cosas iban de maravilla al menos durante un buen rato, a la caída de la tarde. Así eran las cosas en Puerto Vallarta, en un sitio llamado Mamma Mia.

Luz María y Danny iban allí casi todas las noches o puede que todas, salvo cuando la agente que tenía Danny en Nueva York tardaba en enviar los cheques de sus derechos de autor. En tal caso se quedaban tumbados sin hacer gran cosa en la desordenada casita que compartían en Madero, bebiendo tequila barato y follando hasta hartarse, cosa que algunas veces era incluso mejor que ir a escuchar la música de Willie y de Lobo. Si no mejor, tal vez fuera similar a lo que hacían Willie y Lobo, que era algo intenso y ensayado a la par que salvaje en todo momento. Tras vivir con Danny durante dos años y seguramente ya desde antes, Luz se había despojado de muy buena gana de todas las restricciones e impedimentos propios de la vida pueblerina, incluido el catolicismo. No fue fácil, pero una vez hecho, hecho estaba para siempre, con todas las consecuencias y sin falsearlo. Eso pensaba Danny, eso prefería creer. Ver las cosas de esa manera se lo ponía todo más fácil.

Tal como dijo Danny una vez, y lo dijo con ese tipo de certeza que proviene de una descabalada mezcla de alcoholes y experiencias, no existe absolutamente nada ni remotamente parecido a una mexicanita de veintidós años que se ha liberado y se abre de piernas y se pone a gritar a voz en cuello pidiendo a Jesucristo que, por lo que más quiera, salve su esencia católica e inmortal aun cuando en ese preciso instante ella esté haciendo algo que contradice de plano sus mismas palabras, si bien de verdad espera que Jesucristo no se la lleve en ese instante —tal vez más tarde, pero ahora no—, ahora no, ahora que siente el cuerpo entero empapado de sudor, ahora que sacude la cabeza de un lado a otro de la almohada y que tiene las piernas esbeltas y morenas pataleando en el aire o las pantorrillas recostadas sobre los hombros de un gringo, en este caso Danny Pastor, que está haciendo lo indecible por hacerla atravesar de cabeza la pared contra la que se apoya el cabezal de la cama, sin hablar de otros ímprobos esfuerzos por cerciorarse de que pase una temporada en el purgatorio, y eso si al final la suerte la acompaña.

De todos modos, una calurosa noche de 1993 en que la red del alcantarillado ya tenía sus propios problemas al sur del Río Cuale, Danny y Luz llegaron desde Madero a oír a Willie y a Lobo. No obstante, el equipo de sonido del Mamma Mia no estaba funcionando a la altura de las circunstancias. Eso dijo Lobo, y se puso de mal humor. Al cabo de un rato también lo dijo Willie. Por eso, Willie y Lobo se tomaron un largo descanso y se pusieron manos a la obra para reparar el altavoz estropeado o lo que fuera. Luz y Danny salieron a caminar por la calle, esquivando a los turistas y a los marineros que habían bajado a tierra de un navío de guerra norteamericano anclado en la rada.

Sin ninguna razón precisa, Danny llevó a Luz a un bar llamado El Niño. El Niño tenía unas grandes ventanas con persianas de madera que daban a dos calles distintas: por el frente miraba al oeste, al Paseo Díaz Ordaz, donde en medio del humo de los tubos de escape se veía el atardecer en Bahía de Banderas; por el sur daba a la calle Aldama, en donde los vendedores ambulantes mostraban falsos brazaletes de plata a los turistas sentados junto a las ventanas de El Niño, ya que según decían las guías de viaje, allí debían ir los turistas al ponerse el sol.

En una de las esquinas de la estancia principal del local se hallaba en concreto una mesa en la que era posible recostarse de espaldas contra la pared y abarcar de un golpe de vista toda la estancia, quién entraba y quién salía, quién pasaba por Aldama o qué se estaba cociendo en Ordaz. En la noche en cuestión, el local estaba atiborrado de gente y los clientes hablaban más alto de lo que hubiera sido menester. Esa noche, la antedicha mesa estaba ocupada por un individuo de cabello plateado, ni largo ni corto, peinado con esmero. Llevaba una camisa vaquera azulada y pantalones caqui; estaba sentado a solas y daba cuenta de una Pacífico con lima. Sobre el alféizar, a su lado, había dejado el clásico chaleco de fotógrafo doblado con pulcritud.

Luz y Danny encontraron dos taburetes en la barra y se pusieron a beber chupitos de tequila con sal y limón, como mandan los cánones. Danny hablaba con el barman sobre temas como la pesca, el sol, el pasar de los días, y Luz María le acariciaba el muslo, a veces algo más arriba de lo conveniente, sobre todo si creía que nadie los miraba. La mano de Luz María en la pierna —y a veces algo más arriba— llevó a Danny a pensar que quizá fuera hora de volver a Madero para llegar al delirio haciendo el amor, pero entonces se fijó en que el individuo que ocupaba la mesa de la esquina metía la mano bajo el chaleco de fotógrafo posado en el alféizar. No había nada raro en el gesto. Más adelante, Danny no supo recordar por qué prestó atención a ese hombre ni, ya puestos, al resto del mundo, teniendo en cuenta lo que Luz le estaba haciendo en la pierna.

Con suavidad y ligereza, pero también con rapidez, el hombre repasó la sala y alzó un poco el chaleco. Debajo tenía un arma, una especie de pistola automática con silenciador. No lo vio nadie salvo Danny, al menos por lo que éste alcanzó a saber, pues en ese mismo instante, un mimo hacía su número en el Malecón, al otro lado de la calle, mientras unos mariachis tocaban aires populares e inundaban de decibelios el ambiente a treinta o cuarenta metros a la redonda. Todo el mundo estaba atento al espectáculo, incluidos los camareros, mientras el barman estaba sirviendo a un cliente en la otra punta de la barra. Danny Pastor en cambio no perdía de vista al hombre del cabello plateado, casi como si no lograse creer que lo que estaba ocurriendo estaba ocurriendo de verdad, y hay veces, cuando se pone a recordar lo ocurrido, en que aún no da crédito a que sucediera lo que sucedió.

El chaleco se alzó un poco más sin descubrir apenas el arma, y la mano del hombre dio tres sacudidas consecutivas. No se produjo ningún ruido que Danny distinguiera por encima de la charanga de los mariachis. Tan sólo un leve rebote de la mano con cada disparo. El hombre dobló el chaleco por el medio, lo guardó en una mochila que tenía en el suelo junto a la silla, y miró alrededor. Tras examinar la sala una vez más, se levantó y dejó sobre la mesa un billete de diez pesos, después avanzó por entre las mesas y bajó los escalones que conducían a la calle.

Mientras Danny permanecía sentado en su taburete, pasajeramente inmovilizado y con la impresión de haber visto un documental sobre la virtud de la audacia —un corto didáctico que acababa sin terminar—, se armó la de Dios es Cristo en Ordaz: los mariachis fueron refrenando el compás de la pieza que desgranaban al darse cuenta de que algo había pasado. Primero desafinó una trompeta, luego quedaron en suspenso dos violines, y así hasta que todos los instrumentos callaron desmañados y entre desafinos. Todo el mundo miraba al sur, y algunos transeúntes ya corrían por el Malecón.

Danny se deslizó del taburete.

—¿Qué pasa? —preguntó el barman. Danny repuso que no lo sabía, pero que saldría a enterarse. Se acercó a la mesa en que había estado acomodado el tirador, se apoyó con ambas manos y se asomó a la calle. El gentío se apiñaba en torno a un sedán Nissan verde, pero como no acertó a ver nada salió por las escaleras de El Niño a la calle Ordaz.

Un oficial de la armada norteamericana estaba tendido sobre los adoquines con el cuerpo convulso y una herida en el cuello de la que le manaba la sangre. Con el estómago tenso, Danny pasó por delante del oficial y lo miró de reojo antes de alejarse. Se acercó al Nissan, se encaramó al parachoques trasero y oteó la muchedumbre. Había dos mexicanos en camisa blanca de manga corta y pantalones blancos; los dos llevaban sendas pistolas del calibre 38 en la mano y sudaban a chorros, aunque apuntaban al cielo y miraban en derredor con una expresión de pavor enloquecido en los ojos. Un gringo de gran corpulencia, con pantalón gris y camisa hawaiana, estaba tendido boca arriba: la mitad inferior del cuerpo descansaba en la calle, y la mitad superior sobre los cuatro peldaños que subían de la calle al Malecón. Exactamente en el centro del pecho se le veía al gringo una mancha oscura y húmeda, y en la mejilla izquierda una bala le había dejado una herida del grosor de un lapicero de la que rezumaba la sangre. A juzgar por lo que vio Danny, no movía ni el más pequeño músculo.

Danny volvió a El Niño y refirió lo visto al barman, y añadió que aquél no le parecía un sitio recomendable para haraganear en esos momentos ni un minuto más, que era hora de terminarse las copas antes de que la *policía** llegara en sucesivas oleadas de sirenas y confusión. Calculó que tardarían muy poco en llegar al bar, que en seguida estarían haciéndole la vida imposible a todo hijo de vecino, y además supuso que tal vez fuera el único que había visto algo, de modo que a toda prisa condujo a Luz María por la puerta de atrás y salió a Morales para encaminarse hacia el sur, a su piso de Madero.

Danny sujetaba a Luz de la mano y tiraba con fuerza de ella. Luz tenía que ir poco menos que corriendo para seguir su paso, y mientras trotaba preguntaba qué ocurría, a qué venían aquellas prisas. Seguramente por alguna especie de premonición, y en todo caso por una serie de motivos que a él no le quedaron nada claros, Danny no estaba dispuesto a decírselo todo, a contarle que había visto los disparos. Ella tan sólo sabía que se había producido un tiroteo. Ignoraba que Danny había visto al tirador, y menos aún que estaba seguro de haber sido el único testigo presencial.

Al cabo de unas cuantas manzanas, Danny frenó el paso y Luz decidió que era necesario tomar un helado. Él le compró un cucurucho en un puesto callejero y recorrieron otra manzana. Cuando llegaron a El Rondo, un bareto con tres taburetes en la barra y cuatro mesas, Danny dijo que le hacía falta una copa. Felipe le sirvió un tequila doble y comentó que hacía un calor demasiado intenso incluso para esa época del año, que si llegaran las malditas lluvias al menos refrescaría un poco. Danny asintió y se secó la cara con una servilleta de papel.

Luz lamía su cucurucho de helado de moras; Danny observaba cómo trazaba círculos con su lengüecita sonrosada en torno a la bola de helado. Consciente de que él

* Todas las palabras españolas que aparecen en cursiva van en castellano en el original. *(N. del T.)*

no la perdía de vista, Luz se puso a mover la lengua más despacio sobre la curva del helado a la vez que succionaba un poco, sin dejar de mirarle a los ojos. Se recostó en su asiento y se relamió el helado de los labios, tomándose todo el tiempo del mundo, antes de sonreírle a Danny.

Felipe, que se había dado cuenta de aquella lentísima danza camino del éxtasis que llegaría después, se secó la cara con el mismo trapo con que limpiaba la barra y miró a Danny. Éste meneó la cabeza y dedicó a Felipe una sonrisa y un encogimiento de hombros; seguía empeñado en montar las piezas del rompecabezas que había visto un cuarto de hora antes. Temblaba por dentro mientras iba extrayendo las imágenes, tal como sucede cuando uno recuerda un sueño que dice no querer recordar, a pesar de lo cual lo recuerda porque el terror posee su propia capacidad de fascinación siempre y cuando se halle muy alejado de la propia realidad en que uno habita. Y se halla en efecto muy alejado —el terror, claro está—, hasta que de pronto y muy despacio se cuela por debajo del dintel de nuestra vida y allí hace un alto y te busca con los ojos brillantes y la mirada endurecida, ajeno a tus alegrías y tus penas pasajeras, ya con la lengua fuera y dispuesto a seguir tu rastro.

Vio un movimiento por el rabillo del ojo izquierdo y se dio la vuelta. Un hombre con una mochila marrón titubeó en la puerta antes de entrar en el local de Felipe. Tenía el cabello plateado y los pantalones caqui. Y los ojos azul claro, quizás azul grisáceo: unos ojos que parecían haber visto el final de todas las cosas y el camino de vuelta de todo. Unos ojos en cierto modo inertes, aunque allá al fondo titilase algo muy distante, como una especie de linterna que se acercase desde muy lejos, en medio de la oscuridad. A Danny le pareció que el corazón se le iba a parar en ese momento.

El tirador se acomodó en una silla e hizo un gesto a Felipe.

—Tequila, *por favor.*

Luz miraba con curiosidad al tirador. Danny también, pero procuraba disimular. Con todo, no pudo dejar de mirar la mochila que el hombre dejó bajo la mesa, a metro y medio de donde estaba, diciéndose que los dos, el tirador y él, eran los únicos que estaban al tanto de lo que contenía la mochila, aunque se empeñaba en creer que el tirador no sabía lo que sabía él. Y lo que contenía la mochila era sencillamente lo peor que pudiera imaginarse. Danny pidió otro doble que bebió mientras Luz dejaba el cucurucho reducido a la nada y contemplaba al tirador de esa forma directa e impertinente que empleaba al mirar algo o alguien que le despertaba la curiosidad.

Tras beberse medio tequila de un trago, el tirador encendió un Marlboro y miró de frente a Danny. Era más viejo de lo que le había parecido cuando lo vio en El Niño; tendría cincuenta y tantos, puede que más. Y tenía oscuras ojeras, de las que se adquieren con la vejez o las preocupaciones, o a fuerza de no dormir lo suficiente durante muchas noches seguidas.

—*Buenas noches* —dijo el tirador a la vez que levantaba mínimamente la copa a modo de saludo. Dedicó a Danny una media sonrisa, una sonrisa sin embargo seca.

Danny inclinó levemente la cabeza y le dijo lo mismo esforzándose por mantener la voz inalterable, aunque al tiempo sintió que algo raro se le pasaba por la cabeza y se quedaba dando vueltas como una anguila: fue poco más que una sombra neblinosa, algo aún informe e irreconocible, pero también algo que tenía que ver con escribir y con la idea de ganar un dinero escribiendo. Quizá fuera el primer dinero de verdad que ganase desde que publicó *Chicago Underground* seis años antes. Después de aquel libro, todo había sido una larga cuesta abajo hasta el punto en que se encontraba, y a ese punto empezaba a faltarle cierto encanto.

Después de *Chicago Underground*, recuerdos de un reportero de calle, había probado suerte en la ficción. Su primera novela, *All the Boys Who Ever Were* (Todos los chicos que hubo), había visto la luz en 1989 y había sido un fracaso. «Ingenua y autocomplaciente, es la clásica historia de unos periodistas jóvenes e intrépidos en busca de la verdad, sin tener en cuenta el coste que esa búsqueda entraña para ellos mismos», había señalado un crítico. Y otro lo vapuleó más si cabe: «Por mucho que a los periodistas les guste considerarse escritores de verdad, existe —o debería existir— una abismal diferencia entre la ficción y el periodismo (aunque conviene reconocer que esa diferencia se está quedando en nada). Sea como fuere, al margen de las credenciales que tenga Pastor como reportero, salta a la vista que de novelista no tiene nada, y que debería volver a lo que en el fondo se le da bastante bien: la redacción de reportajes.»

A medida que los cheques que le enviaba su agente se iban reduciendo hasta constituir poco más que lo elemental para ir sobreviviendo, Danny insistió en decir a Luz y a la escoria de Las Noches —donde haraganeaban y se destrozaban el hígado los gringos convencidos de que un día llegarían a ser alguien, los que tal vez pudieron haberlo sido y los que lo fueron en otros tiempos—, que estaba trabajando en cinco o seis ideas que le parecían buenas. Lo que tenía entre manos, lo que sabía que tenía entre manos, era pura basura, historias que habían sido contadas miles de veces, y en su manera de contarlas no había un solo elemento que las diferenciase de lo que ya se había dicho al respecto. No obstante, estaba pensando —bien que no con demasiada claridad, más a un nivel instintivo que al del pensamiento consciente— que allí podía encontrar material para un relato impresionante, que sólo tenía que idear la forma de doblegarlo a su gusto. Entérate de los detalles y luego entrega a ese homicida bestial a la policía. Eso es: Danny se hace rico,

Luz es feliz, al tirador lo ahorcan por sus delitos... y los malditos críticos se tienen que tragar sus palabras.

El tirador ayudó a Danny o quizá lo empujó a emprender ese camino. Así lo recordaría él más adelante.

—Estoy buscando alguien que me lleve a la frontera... ¿Conoce a alguien que vaya hacia allá? Estoy dispuesto a pagar bien por el transporte.

Hablaba un inglés con una dicción cadenciosa, con un ritmo lento y casi perezoso, y pronunció esas frases en voz baja, de modo que Felipe no le oyera.

—Es un trayecto muy largo —dijo Danny a la vez que introducía las manos bajo los muslos y se erguía para contener lo que de otro modo habría sido un temblor demasiado llamativo. Se miró los pies y vio que el tercer dedo del pie izquierdo asomaba por un agujero de las playeras—. Tres días, tres y medio y casi sin parar, depende del punto al que vaya. —Lanzó una ojeada al tirador—. Al margen de los que tienen casa propia, los que viven de alquiler desde hace varios años o los que cuentan con una caravana, aquí todo el mundo viene en avión y se larga en avión.

Danny sudaba más copiosamente de lo que exigía el calor de la noche, pero nadie pareció darse cuenta. El tirador mantenía un pie pegado a la mochila, para saber de ese modo dónde la tenía y no perderla de vista sin tener que mirarla. Sonó la bocina de un taxi en la calle y entró un grupo de turistas.

—¿Seguro que por aquí se llega a Pizza Joe? —preguntó una voz masculina.

—Danny tiene un Ford Bronco al que apoda Vito —anunció Luz.

La joven había terminado el cucurucho y terció en la conversación nada más darse cuenta de que había dinero en el aire. Sabía que estaban cortos de pasta, y a Luz le gustaba beber margaritas, ir al centro a escuchar a Willie y a Lobo, cenar langosta en uno de los restaurantes costeros de Bucerías. El tirador la miró. Eran muchos los hombres que miraban a Luz. Se volvió hacia él, con sus piernas delgadas y esbeltas cruzadas bajo el vestido color lavanda, cuyo dobladillo se le había subido por encima de las rodillas. Del dedo gordo de uno de sus pies, cuyas uñas se había pintado color plata, colgaba una sandalia color trigo.

—¿Quién es Danny?

Luz apretó con el dedo índice el brazo de Danny.

—Éste de aquí.

Sonreía y hablaba un inglés chapurreado, cosa que hacía a veces, si bien cuando le daba la gana hablaba un inglés poco menos que excelente. Danny indicó a Felipe que le pusiera otro doble.

El tirador apartó de un manotazo un mosquito que zumbaba junto a su oreja derecha y miró a Danny.

—¿No le interesa llevarme hasta la frontera, a Laredo o a Bronwsville, quizás algo más al oeste?

Lo dijo con lentitud y tranquilidad, como si le diera igual cuándo llegara a la frontera, como si no le importara llegar de hecho a la frontera.

—Pues no demasiado. Le cobraría muchísimo más de lo que le costará un billete de tren o de los autobuses mexicanos. —Bien dicho, estaba pensando Danny. Un poco circunspecto, como muestra de su falta de interés, al tiempo que dejaba una puerta abierta: fue como si poco a poco recuperase la confianza en sí mismo que tuvo durante sus años de periodista. Háztelo igual que cuando te camelabas al hampa de Chicago para recoger datos de cara a la redacción del *Chicago Underground*, cuando les hacías creer que eran tíos duros y prácticos, gente que se había curtido en plena calle, mientras los niños ricos iban a estudiar a la universidad. Ya te has visto las caras con muchos tipos duros, y el tirador parece un tranquilo muchacho de campo por comparación con aquellos listillos de Chicago. Y nadie diría que es demasiado listo, teniendo en cuenta que ha disparado por la ventana de un bar atestado de clientes. Los chicos de Chicago lo habrían hecho en un oscuro callejón y habrían salido por pies acto seguido. Danny, Danielito: levanta, súbete a la cuerda floja y ponte a caminar. Súbete a la cuerda floja, concéntrate en el otro extremo y no mires abajo.

El tirador terminó su copa y volvió a esbozar su escamante sonrisa.

—No me gustan los aviones, nunca los he aguantado. Un amigo me trajo hasta aquí en su barco de vela. ¿Cuánto costaría?

Estaba concentrándose en Luz, en sus piernas y en la sandalia que balanceaba colgada de un dedo.

Danny se recostó un poco. Aquello no iba a salir tal como había supuesto. No estaba muy seguro de qué era lo que había supuesto, pero no se parecía para nada a aquello. De alguna manera se sentía en la necesidad de controlar mejor la trama, si bien era el tirador quien parecía encargarse de que las cosas avanzaran al ritmo que más le convenía. Con todo y con eso, allí había algo que valía la pena contar, algo que podría darle el material para un libro de primera y una buena pasta. Danny no sabía gran cosa de las leyes mexicanas, pero era consciente de que en Estados Unidos aquello sería considerado complicidad en un delito mayor. Si llevara a aquel individuo a Laredo o adonde fuera, ¿no estaría metiéndose en un lío de mil pares? Seguramente sí, aunque sólo en el supuesto de saber que el tirador había hecho lo que había hecho... cosa que de sobra sabía.

Por otra parte, un escritor ha de asumir riesgos algunas veces, sobre todo si anda escaso de pasta y se ve entre la espada y la pared, poco menos que en la obligación de buscarse un trabajo de verdad si no sale algo mejor. Siéntate sobre tu trasero en Las Noches y verás cómo no pasa nada. *Rolling Stone* se apresuraría a publicar un material así siempre y cuando él lo redactase al estilo extravagante de un Hunter S. Thompson; si no, podría publicarse por entregas en *Squire* por diez de los grandes, y darle después forma de novela. Tal vez incluso llegara una opción cinematográfica. Podría hacerlo pasar por ficción o bien publicarlo con seudónimo. O inventarse parte de la historia y hacerla pasar por la verdad, llamarlo «nuevo periodismo».

A la agente de Danny se le daba muy bien calcular esos detalles. Se imaginó su reacción: «Vamos, Danny, muchacho: ese gilipollas no es más que carnaza para la gran máquina de fabricar salchichas que es el mundo de la edición en Estados Unidos. ¿Qué piensas hacer durante lo que te resta de vida? ¿Seguir al pie de la letra los dictados del aburguesamiento? ¿Continuar trabajando sin arriesgarte, despedirte de la carretera? ¿Conseguirte un equipo de "hágalo usted mismo", tomar sin falta tu zumo de frutas todas las mañanas? No fastidies, Danny. Un dólar es un dólar, lo mires por donde lo mires. Además, te vendrá bien para pagar a Janice la pensión del pequeño Robbie, pues tengo entendido que de momento incumples los pagos. Más te valdría ponerte las pilas y pagar lo pactado si pretendes salir de México algún día y volver a figurar en el gran desfile norteamericano, chaval.»

A Danny se le encendió una bombilla.

—Tres mil dólares americanos —dijo—. Mil quinientos por adelantado.

Calculó que era un precio de auténtico disparate, que daba a entender que no se moría de ganas de emprender viaje al norte.

El tirador ni siquiera parpadeó.

—Hecho. ¿Cuándo podemos marcharnos?

Al verse pillado y desprevenido, Danny esperó un par de segundos antes de contestar, pues notaba que su mente estaba tratando de tomar la decisión por sí misma. El cerebro envió un mensaje a la boca, y la boca comenzó a hablar antes de que él se diera cuenta.

—Dentro de un día, puede que dos. Hay que hacer un par de reparaciones en el Bronco.

Y a la vez que lo decía en voz alta, dispuesto a echarse en brazos de una ocasión que ni pintada, también se dijo que no, ni hablar: da marcha atrás, sal de este lío, lárgate a casa. No obstante, hay sucesos que tienen una fuerza propia: cuando se ponen en marcha ya no hay quien los pare. De algún modo, era demasiado tarde. Se le había hecho demasiado tarde para dar marcha atrás. Qué confusión: el tequila, el dinero, Luz, regresar al *Norte* y vivir mejor... No... Sí... Mierda, ¿qué coño estoy haciendo?

—¿Y si hablásemos de otros dos mil dólares, es decir, de un adelanto de dos mil quinientos? ¿No sería posible salir dentro de un par de horas? He de reunirme en Dallas con una persona.

Una parte del cerebro de Danny intentaba descifrar el acento del tirador y ubicarlo en alguna parte. En líneas generales, era un acento típico del Medio Oeste, aunque con cierto aroma de la Costa Este en algunas palabras aisladas.

En algún tramo del túnel que se iba cerrando a sus espaldas, Danny Pastor volvía la vista atrás sin dejar de avanzar hacia adelante. De nuevo se le adelantó la boca.

—Las carreteras mexicanas son complicadas. El camino se hace largo y solitario, sobre todo de noche. Las cosas pueden torcerse.

El tirador se paró a pensar un momento, y luego habló despacio. Una sonrisa interior subyacía a sus palabras.

—Eso que dice me suena a simple descripción genérica de cómo es la vida. ¿Qué problema puede haber? ¿Mala gente?

—Quizá. Basta con tener una avería para que a todos esos malhechores que no aprecian mucho a los gringos les dé la venada de venir a por nosotros. Según se dice por ahí, los *bandidos* han vuelto a las andadas en la Ruta 15 y también por Durango, en los montes del este. Para colmo, a los *federales* se les puede ocurrir un millón de razones para ponernos trabas aun cuando no tengamos nada que ver con ningún delito. Funcionan más o menos de acuerdo con su propia ley. Casi es imposible distinguirlos de los *bandidos*. La ley vigente en México desciende del Código Napoleónico, no tiene nada que ver con la ley consuetudinaria de los ingleses. El habeas corpus no es una figura legal que se estile por estos pagos. Se limitan a encerrarte en la cárcel y cuentan con que uno se pase la vida entre rejas hasta que alguien envíe desde Estados Unidos unos cuantos miles de dólares para pagar el soborno exigido y obtener la libertad.

El tirador jugueteó con su vaso ya vacío, lo levantó y miró el fondo.

—Bueno, al menos somos dos. Nos podemos guardar las espaldas, ¿no?

Miró a Danny. Éste no estaba seguro de que la pregunta fuera retórica o de que necesitara contestación, pero se decantó por la primera opción y se fijó un instante en la mano con que el tirador manipulaba el vaso. Le faltaba el meñique de la mano izquierda.

En cualquier caso, a juzgar por la tranquilidad con que lo dijo, estaba bien claro que al tirador no le preocupaban los malhechores del campo, los *bandidos*, y quizá ni siquiera los *federales* que les pudieran salir al paso. Por la razón que fuera, acababa de cepillarse a un gringo con toda la pinta de ser un tipo importante, y a un oficial de la marina, a pesar de lo cual estaba allí sentado con su áspera sonrisita como si tal cosa, como si todo aquello no pasara de ser un paseo vespertino por el Malecón.

Danny seguía considerando si le convenía regresar rápidamente por el túnel hacia la luz o hacia lo que fuera el lugar en que estaba una hora antes, hacia las limitaciones que recomienda una elemental sensatez. Alternativas: quédate en Puerto Vallarta y cabalga sobre el cuerpo cálido y bien dispuesto de Luz María para adentrarte en otros mil atardeceres, ponte a trabajar de verdad en otro libro mientras esperas que llegue el siguiente cheque, una cantidad seguramente inferior a la última. Sería una sabia elección siempre y cuando se guiara por el criterio del riesgo reducido y el dinero escaso.

Si no, aún podía adentrarse en la noche mexicana con un asesino que a la vuelta de una curva bien podría hacerle un agujero del diámetro de un lápiz detrás de la oreja. A ese respecto, mala elección. Sin embargo, cinco mil por el viaje, más otros diez mil por los derechos de publicación por entregas en una revista, amén del libro, redondearían una suma más que aceptable de largas y plácidas noches con Willie y Lobo, por no decir nada de Luz, que fácilmente se mostraría mejor dispuesta que nunca e incluso transportada al límite del entusiasmo, con su barriga lisa, morena y suave, bien cargadita de langosta y de vino blanco. Y quizá le sobrase un buen fajo de dólares que remitiría a Chicago, a Janice y al pequeño Robbie, para dar muestra de sus buenas intenciones y todas esas cosas. Por si fuera poco, Danny supuso que el tirador no le tenía ninguna inquina en especial, aparte de que los matones profesionales no se cargan a nadie que no tengan que matar. Ésa es una de sus tácticas de supervivencia, cosa que Danny sabía de sus tiempos de periodista por las calles de Chicago.

Así pues, estaba por un lado el dinero —la compulsión de la codicia o la simple necesidad, por lo común imposibles de diferenciar—, y por otro estaba el tequila que se le había subido a la cabeza, con el resultado de una cuesta ascendente en su curva de riesgo, conducente a la imprudencia. Y esto, por no hablar del error de cálculo aunado con la desorientación, y la listeza aunada con la imbecilidad. Más tarde, Danny Pastor reconocería que Proust tenía toda la razón: «De este modo, impulsados por un estado de ánimo destinado a no perdurar, tomamos decisiones irrevocables.»

Años antes, Janice —la primera y única esposa de Danny— lo había expuesto con otras palabras: «Danny, más vale que te lo metas en la cabeza y lo conviertas en una regla personal: no tomes nunca decisiones cuando estés bebiendo. Esas decisiones nunca son buenas. Tatúate la regla en el pulgar, para no perderla de vista cada vez que levantes el vaso.»

Tal como se decía antes, tal como ponen ahora en las camisetas, el tequila tiene cuatro etapas:

Soy rico
Soy guapo
Soy invulnerable
Soy invisible

Danny estaba en la tercera etapa, subiendo hacia la cuarta, cuando decidió llevar al tirador al norte, allá donde van los hombres cuando han perdido la cabeza o cuando les hace falta la pasta... aunque las más de las veces una y otra cosa vienen a ser lo mismo.

CARRETERAS SECUNDARIAS

El Bronco del 68 que tenía Danny, con los asientos rasgados y la caja de cambios modificada, pues él había hecho instalar la palanca en el suelo —si bien ésta era de tres marchas y tenía la posibilidad de tracción a dos o a las cuatro ruedas—, era como un cajón muy elevado del suelo y, en líneas generales, un desastre sobre ruedas. Era el tipo de trastos que solían conducir los expatriados de las poblaciones costeras. Se lo había comprado cuando llegó a Puerto Vallarta, tres años antes, a otro gringo que andaba por allí despilfarrando la vida. El viento, el salitre y el polvo habían acabado con la pintura original, de color ocre, y allí donde no se veía el metal se veía el óxido, y donde no había óxido ya había un agujero. Después de los agujeros, el infinito. Estaba aparcado entre dos almendros escuálidos, al lado del edificio en cuya segunda planta vivían Danny y Luz.

El tirador se quedó ensimismado mirando el Bronco.

—Es un cacharro bastante desvencijado, ¿no? ¿Usted cree que llegará a la frontera?

—Con dos días para ponerlo a punto, yo diría que tendríamos muchas probabilidades. Ahora que si nos largamos así, a bote pronto, en mitad de la noche, pues vaya usted a saber. En la casa tengo algunas bujías sin estrenar y una correa de ventilador de recambio. Iré a recogerlas. Ah, Luz: empieza a llenar de agua esos botellones de plástico que llevamos tiempo almacenando. Seguramente habrá que rellenar el radiador más de una vez.

—¿Cuántos kilómetros lleva este tal Vito? —El tirador tocó uno de los guardabarros del Bronco.

—Se cambió el motor en el setenta y seis. Con el nuevo llevo ciento veintisiete mil.

Cuando los tres se hubieron marchado de El Rondo, Felipe, con una estudiada actitud de cansancio, por no hablar de los ojos entrecerrados y el desinterés fingido, se puso a limpiar las mesas y a engujarse el sudor de la cara con el mismo trapo. Felipe empezaba a envejecer, pero no había perdido el gusto por las *señoritas* guapas: era sabedor de que los gringos iban y venían, y a veces dejaban en la estacada a más de una mexicanita joven, de buen ver y necesitada de un consejo amistoso o de un sitio donde pasar la noche. Nunca se sabe. Salió a la puerta y siguió con atención la parte posterior del vestido color lavanda que llevaba la *señorita*, hasta que los tres doblaron la esquina y se encaminaron por Juárez. Cuando se disponía a entrar de nuevo en el local, el individuo alto de la camisa azul se dio la vuelta y lo miró.

Danny los había guiado por una serie de bocacalles en penumbra; pasaron por delante de restaurantes que ya habían cerrado y dejaron atrás mercadillos turísticos y hoteles cuyos rótulos de neón anunciaban la existencia de habitaciones libres a pesar de que se les habían caído una o dos letras. Danny y Luz se adelantaron al tirador, que hacía un alto en cada cruce para avivar luego el paso y alcanzarlos, caminando con largas y elásticas zancadas, que eran inaudibles y constituían un salto atrás hasta aquellos descubridores de las sabanas que medían las distancias por días y por años de vida. Más adelante, Luz comentaría que ese hombre alto y delgado vacilaba en cada cruce como si temiera que alguien lo viese, y que recorría el terreno como un gran felino, con el paso blando del *gato* que atraviesa de noche las montañas.

Al llegar a la mitad del puente de Insurgentes bajaron por una escalera de piedra hasta una isla que dividía el río Cuale en dos brazos. La isla estaba a oscuras, y de uno de sus flancos, un poco más allá, surgía un puente colgante que atravesaba el brazo sur del río. Un borracho estaba apoyado en el cable que daba al oeste para vomitar a su antojo sobre el río. Dieron un rodeo para evitarlo y cruzaron Constitución para llegar a Madero y a la vivienda de Danny y Luz.

En esa fase en la que el tequila empieza a dar un bajón, con la boca reseca y los nervios flojos, Danny Pastor se puso a repasar el Bronco, revisando primero los neumáticos, consciente de que el tirador esperaba de pie a escasos metros de él. En un edificio cercano, alguien tocaba la guitarra desafinando levemente y con un sonido apagado y distante, y constituía poco más o menos la música perfecta para el arranque de la versión que iba a realizar Danny sobre el tema de la huida hacia el Norte. Al ser un martes por la noche, por lo que el día siguiente era día de labor, casi todo Madero estaba en calma, aparte de un grupo de personas reunidas al otro extremo de la manzana, que hablaban deprisa y señalaban hacia la parte alta de la localidad, por donde sonaban las sirenas.

—¿Qué más necesitamos? —El tirador estaba apoyado de espaldas contra uno de los árboles cercanos al Bronco. No dejaba de mirar a un lado y otro de la calle, y después observaba a Danny y vuelta a empezar.

—No estoy pensando en acampar por el camino ni nada de eso —dijo Danny—. En las poblaciones más grandes encontraremos pensiones, posadas, hoteles y todo lo demás. Todo depende de las intenciones que tenga, claro. Por si acaso, llevaremos algunas provisiones, agua potable y herramientas. A lo peor, a Vito le da por hacerse el remolón. ¿Lleva usted sombrero? A pleno día, el sol es un caníbal.

El tirador dio una palmada a su mochila.

—Todo lo que necesito lo llevo aquí.

Danny se quedó muy convencido de que eso era una verdad más profunda de lo que nunca podría expresarse con palabras.

—¿Dónde compramos el agua y las provisiones?

—Ya pasan de las once y media, pero hay un par de colmados en Insurgentes que abren hasta bastante tarde. Podemos hacer un alto cuando salgamos. En fin, está bien claro que tiene usted mucha prisa.

Nada más decirlo, Danny pensó que ojalá hubiese cerrado el pico. Ojalá no hubiera insinuado que el tirador tenía prisa. No es que fuera nada grave: había sido un simple comentario de pasada, dicho como quien no quiere la cosa, pero tampoco existía una razón de peso para hacerlo. No digas más de lo preciso. Tú tranquilo, reservado: ver, oír y callar.

—Tampoco es para tanto. Esta noche he terminado aquí un asunto de negocios y estoy con ganas de irme. He de reunirme con un hombre en Dallas dentro de pocos días, ya se lo dije, pero me gustaría llegar con tiempo. Además, pensé que si nos pusiéramos en camino cuanto antes tal vez tendríamos tiempo de tomar una ruta más paisajística para llegar allá.

—Oiga, señor... Coño, ni siquiera sé cómo se llama. Yo soy Danny Pastor.

—Tiene toda la razón. Qué descortesía por mi parte. Me llamo Peter Schumann. Creo que podríamos tutearnos.

Danny no se lo creyó. Abrió el capó y comprobó el estado de la tapa del delco y los cables del alternador, aparte de ajustar un poco el carburador.

—Por mí estupendo. Bueno, tal como te decía antes

de las presentaciones, cualquier ruta que tomemos para llegar a la frontera será a la fuerza paisajística. —Su voz reverberaba en el espacio semicerrado entre el capó y el motor. Dio un cuarto de vuelta a la tuerca del carburador y el motor se revolucionó; lo dejó al ralentí—. Salta a la vista que no tienes una idea muy precisa de cómo funciona la red de carreteras en México. Hay trechos que no están mal, pero hay otros que son de espanto: hay baches donde se nos partiría el eje si nos los topásemos a oscuras, y es normal encontrarse con cabezas de ganado a cada revuelta, o una yunta de bueyes a la salida de una curva cualquiera. De noche, un montón de mexicanos transitan con las luces apagadas por motivos que yo nunca he terminado de ver claros. Es un follón. A todo esto, ¿has decidido dónde quieres que te deje, en qué punto de la frontera?

—Todavía me lo estoy pensando. ¿Tienes un mapa?

—¡Joder! —Danny se había despellejado los nudillos de la mano derecha al sacar a tirones la varilla del aceite sin ver bien lo que estaba haciendo. Se enderezó para secarse las manos con un trapo sucio de grasa—. Bajo el asiento del conductor hay un buen mapa de carreteras de todo México. Está un poco sucio y arrugado, pero se deja leer.

El tirador sacó una linterna de bolsillo de uno de los compartimentos de su mochila y desplegó el mapa.

Vito se puso en marcha ruidosa y bruscamente, lanzando una humareda azulada en plena noche negra y haciendo que cayera sobre la cabeza de Danny una maldición proferida desde uno de los apartamentos del edificio contiguo. Apagó el motor en el momento en que Luz salía dando tumbos de la casa, con dos garrafones de cinco litros llenos de agua, uno en cada mano, y con una gorra de pescar de visera combada y un jersey sobre los hombros. Se había puesto unos tejanos viejos y una camiseta blanca con el lema «Exprimida en Puerto Vallarta» impreso en letras de un verde ya desvaído sobre el dibujo de una lima partida en dos mitades estratégicamente colocadas sobre las zonas correspondientes de su pecho, aparte de unas gotas de lo que debía tomarse por zumo de lima que muy en su punto se deslizaba entre dichas zonas.

—Un momento, un momento —dijo Danny—. No habrás pensado siquiera por un instante que vienes con nosotros, ¿verdad?

Arriesgar su pellejo por un buen relato era una cosa, pero poner a Luz bajo esa nube de tormenta era otra muy distinta.

Ella asintió.

—Quiero ver el *Norte*.

—Luz, no vamos a Estados Unidos. Dejaré al señor Schumann en una ciudad fronteriza y volveré de inmediato.

Luz lanzó a Danny una de aquellas miradas que eran promesa de ración doble o triple de todo lo que ella inventase en la línea de lo más novedoso o lo más depravado, a cambio de que él la llevase de viaje. Fue uno de esos ejercicios de persuasión de piel que sin embargo en esa ocasión no llegó a bastar.

Con todo y con eso, explicarle por qué no iba a ir con ellos sería muy duro. Por lo que ella alcanzaba a saber, el tirador era un gringo chalado al que no le hacían ninguna gracia los aviones, un gringo que tan sólo tenía asuntos que resolver en Dallas. Si Danny le hablase de él, Luz sabría algo que no tenía por qué saber, algo que podría pasarle factura y hacerle bastante daño si el tirador se enterase e incluso si los *federales* comenzaran a interrogarla por la razón que fuera. Los *federales* tenían sus modos particulares de obtener la información que precisaran, especialmente de labios de una mujer.

Por otra parte, si sólo era cuestión de realizar un viaje hasta la frontera, no existía ninguna razón por la cual ella no debiera ir. Y si Danny dijera que no y se negara en redondo a llevarla, ella se pondría a llorar, a patalear, a protestar y a jorobar, y quién sabe si no se largaría con viento fresco, tal como amenazaba con largarse de una vez por todas cada vez que tenían una trifulca más o menos seria. Para colmo, a todo el mundo iría con el cuento de ese safari hacia el norte. No haría falta ser un genio sensacional para atar cabos y relacionar el tiroteo con el repentino viaje de Danny, máxime si se marchaba en plena noche con un gringo desconocido que necesitaba llegar cuanto antes a la frontera, o salir cuanto antes del país, según se considere, amén de que no le hicieran gracia los aviones. Hasta la *policía* sacaría las lógicas conclusiones.

—Si se viene con nosotros, por mí de acuerdo. —El tirador lo dijo mientras estudiaba el mapa. Su rostro se veía más demacrado y sombrío a la escasa luz de la linterna que se reflejaba en el mapa—. Tú conduces, ella se ocupa del agua y las provisiones y de los problemas de comunicación o lo que sea. Yo voy ojo avizor al horizonte, por si se presentan *bandidos* u otros peligros propios de estas carreteras. Así nos sale una simpática banqueta de tres patas en la que todos podemos apoyarnos.

—Ya ves, a él le parece bien que os acompañe.

Mierda. Por si no estuviera la cosa complicada, se iba complicando más a cada paso. El tirador prácticamente la había invitado, y Danny no tenía forma humana de explicarle a Luz por qué era preferible que no fuera con ellos sin llevársela a la casa y hablarle al oído, cosa que no sólo levantaría las sospechas del tirador, sino que bastaría para que la propia Luz se arrancase el cabello a puñados, se hincara de rodillas y suplicase a Danny que él tampoco emprendiera el viaje. La suma total de todos estos trozos inconexos era fácil de calcular: el tirador recelaría que allí había gato encerrado y tal vez decidiera hacerles alguna perrería a los dos.

Danny hizo un último intento, por débil que resultara.

—Luz, el Bronco sólo tiene dos asientos... No tendrás dónde sentarte. La parte de atrás irá llena de trastos.

Luz ya había pensado en esa eventualidad. Dijo que iría sentada en el saco de dormir y que podría colocar los trastos y provisiones a su alrededor.

Subió las escaleras a por el saco de dormir y las tres latas de Pennzoil que guardaba Danny debajo de la fregadera. El tirador tenía que ir al lavabo, así que siguió sus pasos. Fuera como fuese, de un modo que Danny no llegó a comprender del todo, la situación iba cobrando vida propia. Las cosas a veces hacen de las suyas, especialmente cuando uno no se ha parado a rumiarlas a fondo de antemano. Ésa era la escuela de planificación que todo lo fiaba al «qué será, será», el arrugado anteproyecto de la vida de Danny a lo largo de los últimos años, cuando decidió, sin decidir, que los trópicos hicieran lo que quisieran de sus huesos.

Danny cerró el capó del Bronco y vio a Luz salir del edificio. La chica se encaminó hacia él cargada con el saco de dormir, una gran linterna y una bolsa de lona con ropa para Danny. Una pareja, obesos los dos, se detuvieron a preguntar dónde podían encontrar un autobús que los llevara al Sheraton. La mujer, con el cabello rizado artificialmente y teñido de reflejos azulados, tocada con una pamela de paja repleta de cintas de colores, hablaba con un insufrible acento nasal.

Danny se fijó en que los dos llevaban sendas chapas con sus respectivos nombres y el anagrama de una conocida marca de herramientas. Les sugirió que siguieran a pie por Insurgentes y tomaran un taxi, que sería más fácil que un bus a esas horas de la noche. Se marcharon quejándose el uno al otro del transporte público en México.

Miró hacia la puerta del edificio, no vio ni rastro del

tirador y habló en voz baja y con tono vehemente dirigiéndose a Luz.

—No digas ni palabra sobre el tiroteo, no digas que estábamos en El Niño esta noche. ¿Entendido? Nada de nada. Ya te lo explicaré más adelante.

Obviamente confundida, Luz asintió con gesto que denotaba su confianza en él y su alegría por el mero hecho de marcharse de viaje. El tirador salió del edificio. Al caminar, miraba a uno y otro lado.

Cerraron el piso, cargaron los bultos en el Bronco y volvieron por Madero.

Luz iba acurrucada en la parte de atrás, en medio de un batiburrillo de garrafones de agua, latas de lubricante y demás trastos.

El tirador entregó a Danny veinticinco billetes de cien dólares.

—Mucho dinero para llevarlo en metálico, especialmente en México.

Danny metió la segunda y enfiló por Insurgentes.

El tirador sacó de la mochila una gorra azul marino, dobló la visera para darle forma ovalada y se la encasquetó hasta cubrirse bien los ojos.

—Cada cual tiene sus manías. A mí no me gustan los aviones, no me gustan los cheques de viaje y tampoco las tarjetas de crédito.

Danny le pasó el fajo de billetes a Luz.

—Guárdalo bien al fondo del saco de dormir. Si nos paran los *federales* o la policía judicial, prefiero no llevar los bolsillos llenos a reventar de *dinero* americano. —Miró de reojo al tirador—. Y con toda esa pasta encima... ¿no te da miedo que te atraquen?

El tirador movía la cabeza lentamente de un lado a otro, escrutando la calle por la que transitaban y las bocacalles que dejaban a uno y otro lado.

—Me ha pasado alguna vez. —Hablaba con desapego, como si le pagasen por minutos y estuviera concentrado en otra cosa—. En Manila se me echaron encima cinco maleantes.

—¿Y qué pasó?

—Pues que no les salió el atraco tal como habían planeado. Es lo que suele ocurrir cuando uno peca por exceso de confianza.

Danny debería haber prestado más atención a esas palabras. Más adelante, al repasar los sucesos vividos, estuvo casi seguro de que el tirador intentó transmitirle algo más, sólo que él estaba totalmente concentrado en conducir por aquellas calles y en pensar en el provecho que el relato de esa historia aportaría a su cuenta corriente y a su reputación. Estaba pensando en un Danny Pastor totalmente rejuvenecido, en un hijo pródigo de vuelta a casa, en una gran estrella de los programas de televisión al uso, que además sería beneficiario de algún premio literario y todo un héroe a los ojos de los ciudadanos bienpensantes.

Nunca cayó en la cuenta de lo arriesgado que es saber algo de alguien en particular y que ese alguien no se entere de que lo sabes, sobre todo cuando te has propuesto ayudarle por una serie de motivos del todo equivocados. Insurgentes era una de las principales avenidas, bien iluminada, que cruzaba la ciudad de norte a sur y enlazaba con otras calles y con la carretera del aeropuerto. El problema consistía en salir de la ciudad sin llamar la atención y sin caer tampoco en el error de la obviedad, de modo que Danny optó por no decirle al francotirador más de lo que debía saber.

Danny aparcó el Bronco en una calle colindante con el río Cuale y dio la vuelta a la manzana para entrar en el colmado de Insurgentes. Fruta, chocolatinas, queso, una barra de pan, dos garrafones de agua potable y un frasco de Pepto-Bismol, tamaño familiar. Cuando subía al Bronco, una furgoneta de la policía pasó por Insurgentes con la sirena a todo meter. Iba con rumbo norte.

—¿A qué se debe toda esa algarabía? —preguntó el tirador con aire inocente y sólo un punto de curiosidad.

—El *hombre* que se ocupa de la tienda dice que ha habido un tiroteo en Ordaz. Por eso suenan las sirenas y por eso hay tanto tráfico. Los *federales* seguramente estarán parando a todos los vehículos que circulen por la carretera de salida para comprobar la documentación de los ocupantes, registrar los maleteros y toda la pesca. Voy a tomar por una carretera secundaria, por llamarla de algún modo, que tiene muchos baches, pero que al final nos ahorrará tiempo y discusiones desagradables.

Vaya: una explicación bastante razonable, decente, airosa. Joder, dijo Danny para sus adentros: ya empiezo a pensar como un criminal.

—¿Y esas cosas pasan por aquí a menudo? Me refiero a los tiroteos, los controles de carretera, ya sabes.

El tirador iba recostado en su respaldo, relajado en apariencia, tirando la ceniza del cigarro por la ventanilla mientras el Bronco rebotaba sobre los adoquines. Sin embargo, no dejaba de mirar a todas partes a la vez.

—No, no mucho. Más que nada se dan delitos menores, por lo común sin violencia.

—¿Y a quién le han dado?

Curiosa elección de palabras. Interesante. Cualquier otro habría dicho «disparado», «tiroteado» o algo semejante.

—No lo sé con seguridad. —Danny dio un volantazo para esquivar un destartalado autobús que llevaba a los trabajadores del turno de noche hacia el norte, hacia los grandes complejos hoteleros—. Parece que han sido un oficial de la marina norteamericana y otro gringo. Lo más probable es que fuera una pelea en un bar.

No alcanzaba a ver la cara de Luz, pero ella de todos modos tenía que estar preguntándose qué demonios hacía él, y por qué se empeñaba en decir menos de lo que sabía. Además, lo de la pelea en un bar era una explicación bastante floja, ya que los oficiales de la armada norteamericana no eran muy proclives a semejantes actividades.

Danny se internó con el Bronco por las callejuelas de Puerto Vallarta. Tras vadear el río Cuale por un punto en el que el agua no alcanzaba mucha profundidad, atravesó el patio de almacenamiento de una vieja fundición que estaba adosada a la parte trasera de un nuevo Pizza Hut, y enfiló una carretera sin asfaltar en la que vivían quizá los mexicanos más pobres, es decir, la mayoría de los trabajadores de la localidad. Todavía se oían las sirenas unas seis manzanas hacia el oeste, más o menos en dirección a El Niño. La *policía* y seguramente el ejército, y acaso también los *federales*, corrían como locos por ahí, en pos de quién sabe qué sombras, mientras la gente de a pie se disponía a pasar la noche con más o menos tranquilidad. Sucediera lo que sucediese, no era asunto suyo. ¿Qué más daba que un par de gringos ricos hubieran sido abatidos a tiros y estuvieran tirados sobre los adoquines? De no haber sido las balas, los habrían matado el sida, el alcohol o las drogas. Eran muchos los que acudían allá huyendo de algo que habían dejado en sus ciudades de origen, en busca de un final arrastrado y poco o nada elegante en uno de los enclaves blancos de Puerto Vallarta. Para los mexicanos, aquello no pasaría de ser un nuevo tema de conversación que comentarían al día siguiente en el trabajo, algo en modo alguno importante para la rutina diaria consistente en sobrevivir a la pobreza y dar de comer a la familia.

Muchos años atrás, alguno de sus propietarios había instalado en el Bronco una barra de sujeción a la que se agarraba el tirador con la mano izquierda mientras fumaba sus Marlboros con la otra, con la mochila entre los pies, por lo demás muy quieto. Danny recorrió el lecho de un arroyo tras meter tracción a las cuatro ruedas; de pronto se encontró en la Ruta 200. Se detuvo poco antes de alcanzar la carretera, dejó a Vito al ralentí y caminó por el arcén. Había un puesto de los *federales* algo más al norte del aeropuerto. Estaban casi dos kilómetros al norte de dicho puesto, aparcados en el lecho de un arroyo, y el tráfico tenía todas las trazas de haberse normalizado. Si de hecho se había montado una operación jaula, y Danny dio por sentado que así sería, seguramente estaba emplazada más cerca de la ciudad, quizás a la altura del puesto de los *federales.* El Bronco salió del arroyo, atravesó un trecho sembrado de cristales rotos y rebotó al rodar sobre el asfalto. Danny inutilizó la tracción a las cuatro ruedas y pusieron rumbo al Norte con las ventanillas bajadas; la brisa secaba el sudor acumulado en la cara y el cuerpo de Danny.

Danny habló con el tirador sin siquiera mirarlo.

—Más o menos de aquí a una hora me gustaría saber qué ciudad fronteriza es la que has elegido. Si vamos al norte hacia Nogales, seguiré un buen trecho por la carretera de la costa. Supone dar un pequeño rodeo, pero así nos ahorraremos el tráfico intenso que suele haber en las cercanías de Tepic. Si no, nos tiramos un poco al sudeste, camino de Guadalajara, y tomamos cualquiera de las carreteras que van a Laredo, a El Paso o a Brownsville.

La linterna del tirador osciló mientras estudiaba el mapa.

—Según lo que estoy viendo aquí, no hace falta que tomemos esa decisión tan temprano. Diríase que hay otra ruta de este a oeste algo más al norte. Sale de Mazatlán y va a parar a Durango.

—Desde luego, pero ese trayecto es una película de terror. Conozco a un tío que una vez contó las curvas que hay entre Mazatlán y Durango. Dice que hay más de tres mil trescientas. Y por esos montes abundan los desprendimientos de tierra, así que hay cantos rodados de todos los tamaños cada dos por tres, por no hablar de los *bandidos.* De todos modos, la plata es tuya. Tú verás.

El tirador no dijo nada. Atravesaron el centro de Bucerías y dejaron a un lado el desvío a Punta de Mita, donde Luz y Danny iban a bañarse desnudos de noche y a veces también por la tarde, antes de que los peces gordos japoneses comenzaran a erigir verjas y a apisonar el terreno para iniciar la construcción de lujosas urbanizaciones.

Poco más al norte, Luz le dio un golpecito en el hombro y le habló a gritos para hacerse entender por encima del viento.

—Guamúchil.

Danny asintió y pensó en la aldea medio perdida en la selva. Había en Guamúchil una mujer que preparaba las tortillas a la antigua usanza, a mano, tan finas como el papel de arroz y rellenas de salsa picante. Las cocinaba encima de un bidón de aceite, cortado por la mitad y colocado en medio de un círculo de piedras dentro del cual bramaba una fogata. Luz y Danny habían ido una vez, habían comprado un puñado de tortillas y habían paseado por la selva mientras se las comían y sorbían el jugo de las limas silvestres. Danny había querido ver una boa constrictor, pero no encontraron ninguna. Es difícil sorprender a una boa a sus anchas, eso le había dicho un lugareño. Hay que conocer sus costumbres y vigilar con atención las ramas altas de los árboles.

Una hora después, Danny se salió de la carretera un kilómetro al sur de Las Varas. Permanecieron sentados a oscuras, viendo las grandes estrellas posadas al otro lado del parabrisas. Vito ronroneaba como una especie de molinillo de café demasiado lento, a cuyas ruedas les faltaran varios dientes. Apagó la llave de contacto. Todo quedó en silencio absoluto, con la excepción de los grillos de fondo y las rachas de la brisa nocturna.

—¿Por dónde seguimos?

El tirador examinaba de nuevo el mapa con su linterna de bolsillo. Dobló el mapa, lo guardó bajo el asiento y encendió un cigarrillo.

—De momento, dejemos la decisión en el aire. Toma la carretera de la costa de que hablabas antes, la que tiene menos tráfico. Ya hablaremos de la ruta a seguir cuando lleguemos a Mazatlán. Tal vez decida que me lleves a Sonoyta.

—¿Dónde coño queda eso? —Danny nunca había oído hablar de Sonoyta.

—Siguiendo por la 15 hasta Santa Ana, como si fueras a Nogales, tomas la Ruta 2 por el oeste... y terminas en Sonoyta.

—¿Y qué ciudad norteamericana hay en esa frontera?

—Ninguna. Ajo, estado de Arizona, queda algo al norte de la raya. Gila Bend se encuentra a sesenta kilómetros de Ajo.

—Pues eso queda bastante lejos de Dallas, siempre y cuando pretendas llegar a Dallas, claro.

—Puede que vayamos a Sonoyta. Ya veremos. —Eso fue todo cuanto dijo.

Danny encendió el motor del Bronco, dobló a la izquierda en Las Varas y emprendió camino al noroeste en plena y cálida noche mexicana. Un año antes había colgado un aparato de radio del salpicadero, con el cual se puso a enredar hasta que captó una canción conocida. Luz le había dicho que la canción se basaba en un antiguo poema Nahua, un poema de tiempos de los Conquistadores:

No quedan más que flores y tristes canciones
Allí donde otrora hubo guerreros y sabios...

El tirador miró por el lateral derecho de Vito a la oscuridad. Así permaneció un buen rato, hasta que colocó una de sus desgastadas botas de monte sobre el salpicadero y se retrepó en el asiento con la gorra más baja que antes, como si durmiese. Pero Danny estaba muy seguro de que no dormía.

AGENTES SECRETOS

Retroceso. Contrapunto. Mientras Danny Pastor, al volante del Bronco, metía tercera, camino del *Norte* bajo la suave manta de la noche en la costa de México, un Learjet 35 despegó de la Base de las Fuerzas Aéreas en Andrews bajo una tenue llovizna y alcanzó altitud de crucero. Walter McGrane se aflojó el cinturón de seguridad, se subió el puño de su chaqueta de safari y vio qué hora era: estarían en Puerto Vallarta al alba. Se recostó y contempló a los dos hombres que viajaban en sendos asientos frente a él. A medida que pasaban los años, la lista se hacía interminable: hombres jóvenes, duros, rebosantes de confianza en sí mismos. Siempre iguales, siempre jóvenes, siempre duros y siempre rebosantes de confianza en sí mismos, mientras que Walter McGrane iba envejeciendo. Vestían vaqueros y cazadoras de loneta; estaban provisionalmente asignados a una operación especial aunque pertenecían a tal o cual rama del ejército de tierra, tomaban café en abundancia y utilizaban un lenguaje incomprensible y privilegiado por las siglas propias de su función.

Embaladas en dos bolsones de tela negra impermeable que yacían en el pasillo del avión se encontraban las herramientas propias de esa función. Las armas largas: un rifle de precisión M-40A1 con mira telescópica Unertl de diez aumentos; un M16A2, arma de asalto de gran capacidad; una Remington recortada llena de municiones, con el corte practicado a siete pulgadas del tambor, para que funcionara a pedir de boca en un trabajo hecho de cerca. Además, las armas adicionales: unas cuantas automáticas Smith & Wesson de calibre 40.

Cada uno de ellos llevaba un chaleco repleto de munición extra para el arma de asalto y unas treinta balas huecas y fabricadas al milímetro para el rifle de precisión, así como unos miniprismáticos, una radio de mano, una brújula y una cantimplora, cartuchos de sobra para la pistola automática, una linterna de bolsillo con filtro de infrarrojos, spray antiagresiones, pintura de camuflaje, un botiquín de primeros auxilios, refuerzos de plástico para las rodillas y los codos, cuaderno y bolígrafo, un termómetro para calibrar los más mínimos cambios de la temperatura ambiente y así compensar el efecto que dichas variables pudieran tener en la trayectoria de las balas. Todo eso y mucho más iba convenientemente ordenado en los múltiples bolsillos de los chalecos.

El Lear cabeceó una vez y otra más, y los hombres sentados frente a Walter McGrane alejaron de sí las tazas de plástico en que estaban tomando café, dejando que el líquido se derramase directamente al suelo de la cabina. Cuando el avión dejó atrás la zona de turbulencias, McGrane abrió el maletín y desplegó uno de los mapas detallados de México que le habían sido entregados en el transcurso de una reunión que tuvo lugar tan sólo dos horas antes. El muy hijo de puta, mira que ocurrírsele nada menos que la víspera de su trigésimo segundo aniversario de boda... No es que a él le importasen gran cosa cualquier clase de aniversarios, pero su mujer sí los tenía muy en cuenta, y él iba a tener que apagar abundantes incendios en su casa durante los seis meses siguientes, aparte de aguantar el chaparrón con el próximo aniversario. Y todo por culpa de Clayton Price.

Igual que todas las demás guerras, Vietnam había dado pie a un buen número de chalados: Clayton Price, alias Peter Schumann y otros alias, acababa de engrosar la nómina de los que al parecer se habían dado a toda clase de desmanes. Nadie lo habría imaginado, se dijo en el transcurso de la reunión. Nadie habría dicho semejante cosa de Clayton Price, claro que todos ellos eran en el fondo bombas de relojería, y muy en especial los equipos de tiradores de elite teniendo en cuenta los años de adiestramiento para matar y las matanzas en sí, las erosionadas estructuras de valores y las emociones suprimidas de raíz que eran condiciones necesarias para la cabal realización de su trabajo. Algunos eran capaces de pasar inadvertidos y de mantener la cabeza fría sólo durante un tiempo determinado, pues vivían con el recuerdo de la sangre y de los tiros en la cabeza monitorizados mediante la poderosa lente de una mira telescópica de veintitantos aumentos.

Walter McGrane estudió el mapa y se preguntó qué ruta habría tomado Clayton Price en su huida. Probablemente al norte. O quizás hubiera salido a todo correr hacia las junglas de Centroamérica. Price entendía la jungla tan bien como el que más y mucho mejor que la mayoría. Había sido uno de los mejores francotiradores que trabajaron para ellos, uno de los mejores francotiradores que jamás pasaron por las filas del ejército, un hombre extraño y distanciado de todo y de todos, con más paciencia que un pedrusco. Por eso le llamaban «Tortuga» en sus tiempos de Vietnam, por ser tan lento, tan metódico, tan paciente. Alguien dijo alguna vez que si Clayton Price fuera tan sólo un poco más lento, avanzaría marcha atrás. Y así era, desde luego, pero sólo hasta que llegaba el momento oportuno: en ese instante se transformaba en algo más parejo a una serpiente. En cualquier caso era de talante reptiliano, tanto si estaba a la espera como si asestaba su golpe de gracia.

Eso era lo que se decía de Clayton Price en sus años mozos, cuando era ágil y veloz. Sin embargo, de un tiempo a esta parte se daba por sentado que iba haciéndose viejo, demasiado viejo, y que estaba fuera de onda, que pensaba demasiado, que hacía demasiadas preguntas sobre asuntos que no tenía por qué saber. Se decía que había empezado a perder mordiente. La Unidad de Operaciones Secretas había dejado de contar con sus servicios cinco años antes; tan sólo recurría a él en circunstancias muy determinadas, cuando era preciso disponer de una mano experta y adicional.

Viejo y fuera de onda. Desfasado, anticuado, estropeado y desafinado. Clayton Price, alias «Tortuga», como los que se apodaban Ruiseñor, Ciempiés y Hoja Seca entre otros motes. Los agentes secretos, los individuos que operaban en la penumbra informativa proyectada por los gobiernos cada vez que se requería el máximo secreto, cuando era necesario llevar a cabo ciertas acciones sin que el resto del mundo supiera nada al respecto. Bueno, pues era hora de dar por descartado al Ciempiés. El año pasado nunca logró salir con bien de un recóndito lugar del Yemen: pisó una mina de tierra o fue abatido por una Gatling guiada por rayos láser cuando atravesaba un alambre de espino. Fuera lo que fuese lo que le mató, se trataba de algo metálico, mortal y definitivo. Eso era lo que había llegado a oídos de Clayton Price. Y después hubo una serie de repercusiones políticas; eso era lo que Walter McGrane sabía con total seguridad.

Seguía sonando la radio que Danny Pastor había colgado del salpicadero: guerreros y sabios, flores y tristes canciones, y la noche mexicana seguía pasando despacio. Luz María iba despierta, pero sin decir nada.

Clayton Price iba despierto y pensaba en el Ciempiés, en la vez en que formaron equipo para ir a Ecuador y sacar de allí a tres revolucionarios que estaban utilizando el narcotráfico para financiar los esfuerzos de la izquierda por crear un mundo mejor. A punto estuvieron los dos de pasar a mejor vida. De no haber sido porque el piloto del viejo C-47 los tenía cuadrados, aquello habría sido el fin. Aterrizó en una pista comida por los hierbajos y sólo frenó lo justo para que los dos echaran a correr y se pusieran a la par del avión hasta entrar por la escotilla de carga, igual que si subieran a un tren de mercancías en marcha. Tortuga y Ciempiés al principio estuvieron callados y tensos, pero pronto se echaron a reír y se chocaron los cinco en cuanto dejaron atrás las cumbres de los Andes. La inserción era sobradamente complicada, pero la extracción siempre rozaba el límite. Lo mismo pasaba ahora en México.

Apretó el hombro con fuerza contra la puerta del Bronco: Danny Pastor enfiló una curva muy cerrada a la izquierda. La suya había sido una vida larga y extraña. Desde el principio estuvo al parecer destinado al campo de batalla. Mucho tiempo antes, en otra época distinta, tal vez habría sido otra cosa: marino en una de las expediciones del capitán Cook, o montañero.

Los montañeros... Desde la zona de Park Slope, en Brooklyn, se veía Manhattan en la otra orilla del East River, y los días de niebla los rascacielos recordaban montañas. Así los había imaginado él cuando era pequeño. Tomaba asiento junto al ventanal del salón de casa de sus padres, en el cuarto piso de un edificio situado sobre un restaurante italiano que ocupaba toda la planta calle, y allí le daba por pensar en los montañeros. Tuvo noticia de su existencia por un libro de la biblioteca, y luego todo llegó a la vez: el deseo de ser uno de ellos y de tener la libertad de ir adonde el viento le llevase, de volver tan sólo cuando de veras le apeteciera. Nada de autobuses, nada de metros, nada de clases, nada de eso.

El día en que abandonó Park Slope para siempre era un día de cielo bajo y oscuro, un poco neblinoso, y los rascacielos de nuevo le parecieron montañas. Allí se plantó a mirarlos en la otra orilla del East River y vio el hielo que se acumulaba en sus aristas, al tiempo que pensaba en que seguramente aquélla sería la última vez que viera aquellas montañas, con seguridad la última en que las viera desde aquel ventanal. Se marchaba a Minnesota, y no estaba muy seguro de que allí hubiera montañas o no, aunque creía que más bien no habría. Lagos sí, pensó: eso le había dicho su madre. Se lo había dicho una semana antes, exactamente al mes de que su padre se largase y los dejara a Clayton y a ella solos.

Cuando Clayton le preguntó «¿por qué nos ha dejado papá?», su madre contestó así: «Imagino que Elmer se sentía encerrado.» Había estado muy llorosa, y se derrumbó con la cabeza sobre los brazos cruzados nada más contestar a su pregunta.

Clayton era el menor de cinco hermanos. Los otros cuatro ya no vivían en la casa paterna, se habían buscado la vida, y sus padres ya eran viejos para ser padres cuando nació él. Su llegada fue inesperada, de ninguna manera bien acogida.

«No habíamos planeado tener a Clayton —dijo su madre una vez a una visita sin caer en la cuenta de que Clayton podía oírlas—. Queríamos hacer unas cuantas cosas, pero entre ellas no estaba el tener otro hijo. Dios mío, bastantes son cuatro para criarlos en este mundo en que vivimos.»

«Todo un terremoto, ya lo creo. —La otra señora se mostró rápidamente de acuerdo, e hizo con la mano un gesto como si pretendiera borrar de un plumazo a todo hijo no deseado—. Nosotros paramos con tres. En estos tiempos que corren, ¿quién necesita poner un furgón de cola en su vida?»

Su madre le indicó que tomara asiento, le dijo que ya no tenía vuelta de hoja y le explicó lo que era preciso hacer. «Clayton, he encontrado trabajo en la tintorería de Landowski, en la calle Catorce, pero no ganaré lo suficiente para el mantenimiento de los dos. Tus abuelos, los que viven en Ely, dicen que no hay problema en que te vayas a vivir con ellos al menos una temporada. Aquello es muy agradable, ya lo verás, está lleno de bosques y de lagos. Serás mucho más feliz que aquí en la ciudad. Yo encontraré una casa más pequeña y más barata, y te enviaré algo de dinero siempre que pueda.»

Clayton Price miró fijamente a su madre con sus ojos azules, aunque tirando cada vez más a grises. Su padre se había marchado y su madre lo alejaba de su lado... «No habíamos planeado tener a Clayton... Queríamos hacer unas cuantas cosas.» En cierto modo, lo había entendido. A los cincuenta y dos años su madre ya parecía avejentada, tanto como sus abuelos en la fotografía que ella tenía en el buró de su dormitorio, y los dos desde luego parecían más viejos que el tabaco.

Puede que en cierto modo Clayton llegase a entenderlo... más o menos. Puede que llegase a entender por qué sus padres no habían deseado tenerlo, y cómo había desbaratado él sus planes. Puede que llegase a entenderlo... más o menos, pero entonces tan sólo tenía diez años, era un estorbo y un furgón de cola, y Ely, en Minnesota, siempre le había dado la impresión de estar muy lejos, en alguna parte.

Margaret Price y su hijo menor, el inesperado, fueron juntos en tren a Manhattan. Allí, ella dejó a Clayton en un autobús camino del oeste. Era el 29 de noviembre de 1952, y a última hora de la tarde nevaba con fuerza. En lo sucesivo, Margaret Price recordaría siempre con qué fuerza nevaba cuando Clayton llegó a la estación de autobuses Greyhound. El Ejército había derrotado a la Armada por 7 a 0, Ike iba a ser presidente, a las fuerzas armadas de la Unión Francesa no les iba del todo mal en Indochina e incluso daba la impresión de que habían conseguido detener en seco el avance del comunismo.

El autobús salió de la Terminal de la Administración Portuaria y Margaret Price agitó el brazo para despedirse de Clayton sin llegar a verlo bien por culpa del vaho acumulado en las ventanillas del autobús. Clayton Price llevaba ocho dólares en el bolsillo; Ely, Minnesota, parecía lejísimos. Volvió a preguntarse por quincuagésima vez por qué se marchó su padre cuando y como se marchó, sin más ni más, y aquello era algo que nadie llegaría a saber nunca.

«Los conductores de los autobuses te echarán una mano, Clayton, y tus abuelos te recogerán en Duluth.» Su madre llegó a decirle esa frase cerca de veintitantas veces a lo largo de aquella tarde, antes de que se cerrase la gran puerta del autobús Greyhound con un simple suspiro y él se encaminara a un lejano lugar del que nada sabía.

Clayton limpió el vaho de la ventanilla frotando en círculo con su mitón, empeñado en ver a su madre una vez más. Ella permaneció en el andén, difícil de ver a causa de la humareda de los numerosos autobuses que llegaban y salían, y porque la ventanilla estaba sucia por el otro lado, sin contar con que Clayton no pudo limpiar por completo el vaho del interior, por más fuerte y más deprisa que lo frotara. La gente ya llevaba los clásicos paquetes navideños, caminaba deprisa para resguardarse del mal tiempo y pasaba por delante y por detrás de Margarte Price, allí quieta y embutida en su abrigo negro y su pañoleta naranja desvaído. Las ruedas del autobús comenzaron a girar y Margaret Price echó a correr al lado del autobús, por la calle mojada, mientras el bolso que llevaba colgado del brazo izquierdo se balanceaba de un lado a otro. Y Clayton leyó en sus labios lo que le decía, «te quiero, te quiero», sólo que no lo creyó entonces y nunca volvió a creerlo después de aquel día.

Cuando terminó la instrucción en el campamento de Parris Island en 1960, tanto Margaret como Elmer Price acudieron a los actos de celebración. Él no los había invitado, pero su abuela escribió a Margaret y le dijo que Clayton se había apuntado a la marina en parte porque necesitaba que le arreglasen a fondo la dentadura, y porque el gobierno afirmaba que le arreglarían la dentadura siempre y cuando se alistase. Sus padres volvieron a vivir juntos un año después de que él dejara Park Slope, pero nunca mencionaron la posibilidad de que él regresara con ellos, y en cambio enviaron algún dinero a Ely más o menos cada mes para contribuir a sus gastos.

Le habían afeitado la cabeza de cara a las celebraciones, y recibió un premio especial por su puntería con las armas de fuego. Ya de joven, cuando se marchó de Ely, Clayton Price era capaz de acertar contra una liebre que corriese entre la maleza con un rifle largo del calibre 22. No le divirtió demasiado tirar contra las dianas estáticas que le fijaban en el campamento de instrucción; aquello era pan comido por comparación con lo que había que hacer en el bosque, sobre todo para Clayton Price. Hay quien sabe dibujar caras, hay quien sabe hacer bailar a las bolas de billar al son de la melodía que se les ocurra; otros saben realizar complicadas operaciones matemáticas y otros saben pintar a la acuarela. Clayton Price sabía habérselas con las armas de fuego, y a la sazón obtuvo mejores resultados que los otros veintiséis participantes en el Campeonato Nacional de Tiro con Rifle que se celebró en Camp Perry, en Ohio. Volvió a repetir la hazaña a comienzos de los años sesenta, y acertó en el blanco a novecientos metros de distancia, por más que el ojo de la diana pareciera la cabeza de un alfiler visto por su mirilla telescópica.

Sus padres se le acercaron al término de la ceremonia; estaban muy orgullosos de él, y le dijeron que estaba fenomenal con su uniforme de gala. Clayton ni siquiera esbozó un amago de sonrisa: aquello no era para aquella gente venida de otro tiempo, de otro planeta o de otro mundo, ya que así los consideraba entonces y así los iba a considerar en el futuro, durante los duros tiempos que aún le quedaban por vivir. Sin embargo, además de arreglarle la dentadura, los marines le habían enseñado a comportarse como un caballero, de modo que a los dos les estrechó la mano y se limitó a permanecer muy erguido mientras su madre se ponía de puntillas, lo besaba en la mejilla y se sacaba una fotografía con él. Dijo después que tenía que marcharse, si bien se marchó solamente a los barracones, en donde lloró un poco por haber visto de nuevo a aquella gente llegada de otro mundo, a sabiendas de que nunca más volvería a estar a su lado, nunca más en toda su vida. Asimismo, sabía que la mejor manera de seguir adelante consistía en no contar con nadie, en no sentir afecto por nadie y en que nadie sintiera afecto por él.

Y pocos años después, al amanecer, bajo la cálida lluvia que empapaba las hojas y la hierba, la neblina envolvía los arrozales. Llevaba doce horas «escondido», con garrapatas en la cara y hormigas hasta en las orejas, insectos por debajo de la ropa... sanguijuelas prendidas a la piel... los mosquitos picándole sin cesar y sin que uno pudiera espantarlos, ya que no estaba permitido el menor movimiento. Se trataba de convertirse en parte del paisaje. Estimación del viento sólo mediante las sensaciones que uno tuviera en la cara, observar las olas de calor para hacerse una idea de la trayectoria que podría trazar la bala. Vivir durante una semana a base de raciones elementales: mantequilla de cacahuete, mermelada, queso y galletas saladas. Faltaban cuatro días de matanza para que llegara Navidad, tal como dijo uno de los mayores del Ejército antes de que despegara el helicóptero la noche anterior.

Allí tendido, concentrado, alerta para distinguir un movimiento de algo verde o marrón en un muro de verdes y marrones. Repasar las líneas de deriva naturales, los puntos por los que la gente tiende a pasar, los puntos donde se detiene a descansar. Las mañanas y las tardes, a primera y última hora, eran los mejores momentos. Los Vietcong acaban de despertarse, o están cansados y se proponen descansar tras un día de trabajo duro.

El latido de tu corazón contra la tierra, el olor a residuo de disolvente que procede del martillo del rifle, un Remington 700 con una mira Redfield de nueve aumentos.

—Ahí está —susurra tu ojeador—. Es la hamburguesa que ha salido por la puerta con charreteras y unifome recién planchado, prismáticos al cuello, de coronel del Ejército Norvietnamita.

Los oficiales: siempre debes estar atento al uniforme recién planchado, a los prismáticos, al que lleva un radio-operador al lado. Estúpido hijoputa plantado en la puerta de una choza, bostezando como un mamón.

Debes comprobar la postura de tu cuerpo y la visión de conjunto.

—Calculo unos ocho cinco cero metros —susurras.

—Ocho cincuenta, ocho setenta y cinco —susurra tu ojeador.

Todo tiene cierto aire como de ensueño. Tu maestro, Pluma Blanca, lo llama «su burbuja»: hay que ingresar en un lugar de concentración absoluta y concentrarse con tal claridad que aquello adquiere las trazas de un universo propio en el que nada ni nadie puede entrometerse.

Nueva comprobación: la inclinación de las briznas de hierba, las olas de calor.

Esperar al momento más llano de tu ciclo respiratorio.

Controlar cómo aprietas el gatillo y seguir la acción.

El retroceso contra el hombro: al otro lado del valle, un hombre es proyectado al oscuro interior de una choza.

El ojeador te da la señal del pulgar en alto, y los dos comenzáis a reptar marcha atrás, por la ruta de fuga planeada antes.

El mundo de Clayton Price.

Un mundo extraño, una vida extraña, casi siempre a solas y a veces con el peso de la soledad. ¿Una mujer? Nunca, durante ninguna temporada larga o corta. Nunca una mujer como la que viajaba a sus espaldas, la mujer cuyo olor notaba en el reducido espacio interior del Bronco al que apodaban Vito, sobre todo cuando al frenar la marcha la brisa ya no difuminaba la placentera mezcla de perfume y de sudor que emanaba de ella. Se enderezó en el asiento y miró atrás de reojo. Luz María lo estaba mirando.

En el Learjet que ronroneaba rumbo al suroeste eran bien diversos los olores. Eran los olores diferenciados y sin mezclar del café y del aceite para lubricar armas. Walter McGrane alzó la mirada al escuchar el suave «click» del seguro de un rifle. Uno de los hombres que iban sentados frente a él examinaba su rifle de precisión. Observó cómo corría y descorría el seguro, cómo repasaba aquella herramienta de elegante agonía que fácilmente habría podido ser candidata a un premio de diseño contemporáneo, el metal curvado y las piezas angulosas fabricados con un nivel de precisión por lo común reservado a las mejores piezas de relojería. El hombre, adiestrado para actuar con la misma precisión del rifle y conocido tan sólo como Weatherford, pasó un trapo suave por el cañón del arma con un ademán tan tierno como si estuviera acariciando a una mujer.

El rifle, de cuarenta y cuatro pulgadas de longitud y con un peso ligeramente inferior a los siete kilos, incluida la mira telescópica, alojaba municiones de precisión: balas exactamente iguales entre sí, balas de 7,62 milímetros de diámetro y 11,21 gramos de peso. Un segundo después de ser disparada, la bala una y otra vez alcanzaría a un hombre en todo el pecho aun cuando estuviera a novecientos metros de distancia, casi a un kilómetro, siempre y cuando el arma estuviera en manos de un tirador avezado. Y los hombres que se encontraban frente a Walter McGrane eran tiradores avezados. A lo largo de los días siguientes, siempre y cuando las cosas fueran a pedir de boca y el gobierno mexicano no se entrometiera, llegaría un momento en el que el retículo de la mira telescópica de un francotirador se posaría sobre el pecho de Clayton Price, y Clayton Price ni siquiera llegaría a oír el ruido que acabara con su vida.

A Walter McGrane no le agradaba emprender la caza de uno de los suyos. Aquello en realidad ya no le gustaba nada. De todos modos, así estaban las cosas, y así tenía que ser. Era un combatiente por decisión propia, y le habían ordenado cumplir la misión los chicos de la central de Inteligencia Pura, los trajeados, los idiotas de la teoría, los «espiócratas», que así los había llamado Le Carré o alguien de su cuerda. Eran los que jamás habían aprovechado un buzón secreto en Bucarest, los que nunca se habían puesto gafas de aviador para protegerse los ojos en una tormenta de arena en Argelia mientras subían en un todoterreno por los riscos; eran los que nunca habían hecho otra cosa que asistir a clase. No tenían ni idea de cómo era en realidad el trabajo de campo, los que desconocían la calma y la concentración que desprendía el rostro de un hombre como Hoja Seca cuando estabas a punto de dejarlo en medio de una región desconocida para que ejecutara una misión. Sobre el papel todo tenía buena pinta. En medio de las polvaredas y las humaredas donde las cosas sucedían de verdad, siempre existía en cambio el factor humano, el

Clayton Price que de buenas a primeras se salía de madre y mandaba al carajo todos los atinados cálculos y toda la lógica impecable.

A tenor de sus propias elecciones, los agentes secretos recorrían los estrechos senderos de las reglas y la instrucción: el menor desvío suponía que, para ellos, las cosas llegarían a su fin. Eso lo sabía todo el mundo, y todo el mundo lo aceptaba; de todos modos, algunos se salían de madre por una serie de razones que tal vez solamente ellos llegaran a entender, pero que posiblemente no sabrían expresar.

Años más tarde o mañana mismo, los hombres sentados frente a Walter McGrane podrían salirse de madre sin advertencia previa, sin que sus palabras o sus actos dieran el menor aviso de lo que iba a suceder. Por fortuna, a la mayoría no les pasaba eso, y un buen día se jubilaban y se iban a vivir a recónditos lugares en los que habían plantado un huerto o un jardín, y allí vivían en compañía de sus imágenes de sangre y de sesos reventados, de trabajos llevados a término por motivos que jamás les habían sido desvelados.

Todos ellos, los tiradores de elite, habían sido escogidos uno a uno y con esmero. Los mejores eran muchachos que se habían criado en una granja, en el campo, y que habían pasado la adolescencia al aire libre, en donde desarrollaron sus habilidades de campo y una aguda concepción de cómo funciona la naturaleza, adquiriendo de paso la sensación de pertenecer en cierto modo a esa naturaleza en estado salvaje. Eran tramperos de las regiones del norte, cazadores de ciervos del oeste de Texas, cazadores de ardillas en los bosques de Arkansas. Tenían una visión excelente sin necesidad de gafas, una frecuencia cardíaca realmente baja; un físico sensacional, gran disciplina mental, atención a los detalles y, sobre todo, eso que suele denominarse paciencia.

A lo largo de los años, Walter McGrane había trabajado con Ciempiés y con Hoja Seca, pero nunca trabajó con Tortuga. Sin embargo, había oído hablar de él y conocía su dossier.

PRICE, CLAYTON LEE

... al igual que el resto de los tiradores de elite, el sargento de artillería Price tiene una inmensa estabilidad mental y una paciencia capaz de aguantar lo inaguantable. Por citar un estudio acerca de los asesinos que operan por contrato, un estudio que se puede aplicar al sargento Price, aunque no forzosamente a todos los tiradores, «son personas sorprendentemente normales y corrientes, que no presentan rasgos espectaculares... [aunque] este tipo de personalidad sí tiene cierta dificultad a la hora de trabar relaciones emocionales duraderas con el resto de las personas. Las oscilaciones pendulares de las emociones que suelen relacionarse con ciertas psicosis brillan por su ausencia. Son racionales en un sentido negativo y perverso, dostoievskiano, y tienen una clarísima conciencia de los motivos y las consecuencias de sus acciones. Como no sienten alegría ni tristeza, y son del todo indiferentes a la muerte, resultan manifiestamente incapaces de relacionarse con los demás. Este tipo de asesino percibe con gran agudeza la realidad, pero tiene una capacidad muy limitada de respuesta emocional ante esa realidad. Parafraseando a G. K. Chesterton, no se trata de una persona que haya perdido el juicio, sino que ha perdido prácticamente todo, con la excepción del juicio...»

Por otra parte, uno de los comentarios que hizo uno de los comandantes a cuyas órdenes estuvo Price en Vietnam se había alojado a fondo en el cerebro de Walter McGrane, y le hacía estremecerse cada vez que pensaba en ello: «Conocí a Clayton Price en Vietnam y después lo vi en África, cuando yo hacía ciertos trabajos por mi cuenta. Tío, daba miedo. Siempre me alegré de que en aquellos tiempos estuviera de nuestra parte, aunque ahora no tengo muy claro de qué parte puede estar. Estar en contra de Clayton Price es como jugar al billar contra el Billar en persona: dale un respiro y te dará un repaso inapelable. Seguro que mete todas las bolas de una tacada y después se pone a leer el periódico como si no hubiera pasado nada, sin volver a pensar en lo ocurrido.»

Ya sólo quedaban en activo cuatro o cinco de los veteranos. Sin embargo, dentro de la Unidad de Operaciones Secretas, de donde obtenía su paga Walter McGrane, eran una suerte de leyendas de las que se hablaba durante el café y las copas en los mejores restaurantes.

—Joder, ¿a que no te lo crees? Morelock una vez acertó contra un tipo del Vietcong a dos mil doscientos metros de distancia con una ametralladora del calibre 50 reconvertida en arma de precisión. Lo derribó de la puta bicicleta que montaba el muy jodido.

—Ya sé que Morelock tiene el récord de matanzas en Vietnam, pero ¿quién es el segundo?

—Tortuga, Price. Si mal no recuerdo, tenía ochenta y dos confirmadas y más de doscientas clasificadas como «probables».

Así se contaban las historias, así se engrosaban las leyendas sobre Pluma Blanca y Ciempiés, sobre Tortuga y los demás. Eran las historias con más colorido. Pluma Blanca pasó a ser instructor en Quantico; los demás, los que no habían muerto o no se habían jubilado, aún estaban en alguna parte, a la espera de que se requiriesen sus servicios en donde fuera y para lo que fuera. Y McGrane conocía de sobra su credo, el sencillísimo y abrumador criterio en el que fundamentaban el éxito: un disparo, un muerto. En Vietnam, la media de municiones empleadas en matar a un enemigo por parte de los soldados de a pie se cifraba entre doscientas mil y cuatrocientas mil. La media de los tiradores de elite estaba en 1,3 por enemigo muerto. Con tres balas por dos enemigos, Price había quedado algo por debajo de esa media en Puerto Vallarta.

Debido a sus relaciones con los agentes secretos, Walter McGrane siempre había sentido cierta sorpresa por su apariencia ordinaria y porque no se les notase de entrada ningún rasgo sobresaliente. Sin embargo, había leído las estimaciones psicológicas correspondientes. «Todos estos sujetos poseen un gran valor, un altísimo umbral de tolerancia ante las incomodidades y una notable capacidad de estar a solas durante prolongados periodos de tiempo. Sin embargo, también tienen en común la incapacidad de conformar relaciones emocionales duraderas con el resto de los seres humanos. Si bien perciben la realidad de forma sumamente clara y directa, con mayor rapidez y exactitud que los demás, tienen una muy limitada capacidad de respuesta emocional ante esa realidad. Por ejemplo, los exhaustivos estudios realizados por Ingram y Marks han revelado una muy notable ausencia de odio hacia el enemigo. Muy al contrario, los llamados agentes secretos tan sólo sienten respeto por el enemigo, y nunca piensan en matar para vengarse. De acuerdo con Ingram y Marks, esta última característica es en gran medida una táctica indispensable para realizar con éxito la misión asignada, y es también en parte mera cuestión de supervivencia. El mantenimiento de esa distancia emocional frente a su objetivo acentúa la concentración e impide que nuestro hombre cometa errores de bulto a raíz de motivos puramente personales, hecho que lo convertiría en una pieza de todo punto ineficaz y vulnerable.»

Walter McGrane miró por la ventanilla la negrura de la noche. «Motivos puramente personales...» Ahí radicaba la falla, el defecto de lo que en otro tiempo había sido una perfecta máquina de matar. Clayton Price había incurrido en ese error al reducir la distancia emocional que debiera haberlo separado de su diana. De hecho, había reducido a cero esa distancia, y se había acercado en demasía, aun cuando años antes se le hubiera advertido expresamente de que olvidase su única venganza personal.

«Clic» y otro «clic»: el rifle de precisión. Walter McGrane miró al hombre llamado Weatherford y al otro musculoso individuo que vestía una cazadora idéntica a la de Weatherford. Eran los dos versiones nuevas y mejoradas de Clayton Price, producidas de forma rutinaria en las unidades de operaciones especiales del estamento militar. Estaban mejor entrenados, eran más disciplinados, más fiables, o al menos eso se decía: eran muy diferentes de los viejos agentes secretos, que algunos consideraban demasiado individualistas, demasiado excéntricos, demasiado proclives a salirse por la tangente y hacer las cosas a su manera. A veces los llamaban «vaqueros», aunque esa palabra siempre se pronunciaba acompañada por un gesto despectivo. Con todo y con eso, había profesionales de la Unidad de Operaciones Secretas, incluido Walter McGrane, que preferían trabajar a la antigua usanza y emplear a los agentes secretos que jamás dejaban rastro de papeleo en sus contratos temporales con el estamento militar, todo un conjunto de flechas especializadas que uno podía extraer de un carcaj repleto de opciones diversas cuando se presentara el momento apropiado. A los pocos que quedaban se les podía llamar cuando las cosas se ponían feas y fuera preciso realizar un trabajo extremadamente sucio, «pringoso», según se decía en la agencia, ya fuera en África, en Oriente Medio, en Guatemala... o en México. Cierto, no eran tan disciplinados como las nuevas hornadas. Cierto, eran bastante dados a las excentricidades. Pero siempre se podía contar con su fuerza de voluntad y con su férreo carácter. El individualismo y la excentricidad siempre parecían ser la cara complementaria de una mentalidad creativa.

El ruido de los motores del Lear se alteró, y el copiloto anunció por el sistema de intercomunicación que comenzaban el descenso hacia San Antonio para repostar combustible. Weatherford miró a Walter McGrane y sonrió.

—¿Y a por quién vamos esta vez? Tan sólo nos indicaron que recogiéramos los trastos y nos presentáramos en la base de Andrews.

—Un hombre llamado Clayton Price.

—No me suena de nada, aunque eso poco importa. Nunca importa mucho de quién se trate, ¿no?

—Esta vez puede que sea importante —dijo Walter McGrane.

—¿Y eso?

—Es uno de los nuestros. Ir contra Clayton Price es como jugar al billar contra el Billar mismo.

—¿Qué quiere decir?

—Que cuando termines de hacer el amor con ese rifle, a lo mejor te apetece echar un vistazo a las notas que os he preparado.

—De acuerdo, lo haré.

—Sí —dijo Walter McGrane—, asegúrate de hacerlo. Y recuérdame que os cuente alguna vez lo que Price tuvo que pasar en Vietnam después de que lo capturase el Vietcong.

—¿Duro?

Walter McGrane miró a Weatherford directamente a los ojos y meneó la cabeza lentamente por todo asentimiento, sin decir nada, para ponerse de nuevo a estudiar sus mapas.

MÚSICA FLAMENCA

Veinte minutos después de doblar al oeste por la Ruta 200, Danny se perdió por Zacualtán y se maldijo por su rematada incompetencia. El pueblo no era gran cosa, pero al parecer las calles iban a dar todas a un campo o al porche de entrada de una casa. Había recorrido con Luz aquel camino en una de sus excursiones de fin de semana, y ella recordaba por dónde estaba la plaza. Dobla en aquella esquina, a ver. Danny volvió atrás, hizo el giro indicado y tres manzanas más adelante ya rodaban por la carretera de la costa y de nuevo estaban en campo abierto. El tirador iba en silencio, golpeando levemente con la bota de montañero en el salpicadero del auto.

Estaban en una zona manifiestamente rural y atrasada, en la que podrían encontrarse con cualquier cosa por la carretera. A los animales en particular les gustaba tenderse sobre el asfalto todavía cálido cuando bajaba el relente de la noche, y a veces compartían ese trozo de terreno con los borrachos. Danny refrenó sin mayor dificultad la velocidad del Bronco, cosa bien sencilla si se tiene en cuenta que Vito rechinaba y se descabalaba al pasar de los setenta por hora.

A eso de las tres de la madrugada, la carretera asfaltada desembocó en una barricada de rocas de cincuenta kilos cada una, pintadas de blanco y señaladas con un rótulo: NO HAY PASO.

Danny dio un volantazo.

—Mierda.

Nada se decía de un desvío, no había ninguna otra indicación. Un par de años antes, cuando fueron por allí, no se encontraron con ninguna complicación. La carretera era bastante mala, pero transitable a pesar de todo.

Luz acudió en su rescate por segunda vez en menos de una hora.

—Danny, por el pueblo pasa un autobús.

—¿Por dónde?

—Por aquella cuesta, ¿lo ves?

Danny miró a la izquierda y vio las luces de posición de un autobús que avanzaba renqueante, a unos seis kilómetros por hora, mientras sus faros iluminaban las casas y los árboles. Danny hizo girar el coche y rehizo el camino para volver al pueblo, pues supuso que el conductor del autobús sabía algo que a ellos se les había escapado, algo relacionado con un desvío. Danny intentó averiguar por dónde habría atravesado el autobús aquella maraña de callejuelas estrechas y sin asfaltar que se confundían unas con otras. Dobló a la izquierda por lo que le había parecido una carretera y terminó en el lecho de un arroyo, en donde los faros del Bronco alborotaron a las gallinas y a los cerdos adormilados en un corral. Por fin logró encontrar la manera de atravesar el pueblo, tomó una decisión acertada en una bifurcación y salió a la carretera principal. Al cabo de un par de kilómetros, durante los cuales se introdujo un fino polvillo en el Bronco, llegando a cubrirlo todo con una especie de capa rojiza o parduzca de polvos talco, rebasaron dos apisonadoras aparcadas a oscuras y de nuevo circularon por superficie dura.

Recorrían la parte superior de una elevada plataforma que por un lado descendía abruptamente hacia el Pacífico, y al poco vieron las luces de Santa Cruz y más lejos las de San Blas, hacia el norte. Ya rayaba el alba por la otra vertiente de las montañas costeras. Danny estimó que estaban a una hora de San Blas, y trazó con cuidado las interminables curvas con las que se internaba la carretera por la selva, bajo los árboles, en un túnel verdegris por el que aquel trío de chiflados transitaba al amanecer, cada uno de ellos con sus sesgadas intenciones.

Luz iba acurrucada en la parte de atrás, durmiendo, casi invisible en medio del batiburrillo de garrafones de agua, bolsas de comida y demás trastos. La hija de Jesús y Esmeralda Santos era capaz de dormir en cualquier parte, a cualquier hora y en cualquier situación.

El tirador encendió otro Marlboro, se estiró y bostezó.

—Si no te importa que lo pregunte, ¿a qué negocios te dedicas, Schumann? —Bien dicho, con lenguaje campestre, de buen chico, como quien no quiere la cosa. Danny iba atento a la carretera, pendiente de los baches más pronunciados, pero también fue consciente de que el tirador lo estuvo mirando durante unos instantes antes de responder.

—Soy consultor. Podría decirse que soy especialista en resolución de crisis, aunque trabajo por cuenta propia. —Apropiadamente vago, aunque a Danny se le erizó el vello de la nuca. Se rehizo y decidió presionar un poco más.

—¿Y trabajas en algún asunto en especial? Quiero decir, ¿estás especializado en el sector de la construcción, el petróleo o algo así?

—En todo eso. Si alguien se encuentra con un lío, yo me encargo de limpiar la basura y de eliminar los restos. Es un trabajo bastante sucio, desde luego. Por ahí abundan las cuentas más enrevesadas que se pueda imaginar.

Danny estaba a punto de preguntar qué cuentas enrevesadas había tenido que resolver en Puerto Vallarta, sólo por ver qué tipo de respuesta le daba, cuando el tirador se le adelantó.

—¿Y qué me dices de ti, Danny Pastor? ¿A qué juegas? —Habló con toda la calma del mundo, casi en voz baja, y a Danny le costó trabajo oírle por encima del aire que rugía por las ventanillas abiertas. Tuvo que inclinarse hacia él para oír todas sus palabras.

—Bah, yo sólo ando por Puerto Vallarta sin hacer gran cosa. Hace un tiempo que ahorré unos dineros, y de momento estoy viviendo de mis reservas.

—Entonces, ¿no te dedicas a nada en particular? ¿Andas perdiendo el tiempo por Las Noches como todos esos gringos? El otro día pasé por allí. Qué montón de cagarrutas de perro, todos estos tipos tirados en las tumbonas con la panza llena de cerveza, diciendo mentiras por los codos. En fin, se me antojó una manera de vivir bastante kamikaze. ¿Vas alguna vez por allí?

A Danny no le abandonaba la sensación de que lo que estaba haciendo era lo peor que podía hacer, de que tal vez estaba a punto de meterse en camisas de once varas. «Venga, Pastor —le decía su cerebro—, aguanta el tirón, que sólo está de pesca, a ver si pican. Tú eres un tío listo, puedes dominar a ese pardillo. Sabes cuál es su gran secreto. Él no sabe nada de ti. Haz las cosas como tú sabes hacerlas, vamos.»

—Sí, algunas veces voy a Las Noches.

—Pues yo te había tomado por escritor o algo parecido. —El tirador dejó que pasaran unos segundos antes de proseguir—. Siempre he pensado que hay unas cuantas cosas que me gustaría contar por escrito. ¿Tú no escribes nunca?

Joder, aquel individuo era increíble. La confianza que pudiera tener Danny en sí mismo empezaba a tambalearse. Al principio había pensado en un pulso entre un asesino robot —chulo y tosco como los matones de

Chicago, sólo que algo más tarugo— y un brillante reportero: no había ni punto de comparación. Sin embargo, Danny tenía la impresión de que el tirador era bastante más que la mera conjunción de un ojo, un arma y un dedo.

La vieja habilidad de Danny estaba latente, sólo que permanecía oculta en alguna parte. Se lo repetía él mismo sin cesar. Lo cierto era que la bebida, el sol y la buena vida en general lo habían embotado un tanto. Había sido consciente de que ese proceso iba teniendo lugar en su persona, pero nunca llegó a percatarse de hasta qué punto había caído, nunca hasta ese instante. Se sentía oxidado y desconcertado, pero no por eso dejó de repetirse: espabila, no te dejes comer el pan del morral, hazte el duro, que no se salga con la suya. ¿Qué más da que seas escritor? Eso no significa nada, al menos mientras no se entere de que sabes lo que sabes.

—Sí, sí he escrito algo, pero fue hace mucho tiempo. Últimamente no he hecho nada.

—Entonces, ¿es que tienes eso que llaman... un bloqueo de escritor?

—Nunca me ha gustado mucho esa expresión. Es una forma un poco policial de ver las cosas, como si existiera una fuerza invisible que te hubiera atenazado la mente y te la estuviera estrujando.

—Vaya, pues ¿cómo prefieres llamarlo?

Con la bota de monte daba golpecitos en el salpicadero a la vez que arrojaba al viento las cenizas del cigarrillo.

Danny aguzó el oído para captar el rumor de los neumáticos de Vito. Dio un volantazo para que el Bronco no tropezara en un bache profundo que había en medio de la carretera y de nuevo se concentró. Miró el reloj, pero no pudo ver las manecillas por la escasez de la luz.

—Son casi las seis —dijo el tirador—. Siempre me

han fascinado los escritores. En fin, cuéntame; si no se trata del típico bloqueo, ¿qué sucede?

Danny se había propuesto entrevistar al tirador. Lo cierto era que el tirador le había devuelto las preguntas y se las arrojaba a la cara en una especie de cambio de tercio de estilo marcadamente socrático.

—Ya te dije antes que considerarlo el típico bloqueo del escritor te hace sentir desmotivado, de modo que cuando estoy escribiendo y me quedo empantanado, prefiero considerarlo un simple problema conceptual que debo solucionar por mi cuenta. Es una inmovilización intelectual de la que uno tiene que librarse.

—Eso me gusta. —El tirador desenroscó el tapón de una botella de agua y dio un largo sorbo antes de volver a taparla—. De ese modo, la responsabilidad del asunto depende exclusivamente de uno mismo, y no de una misteriosa fuerza exterior que controle nuestro destino.

—¿No crees en las fuerzas exteriores a uno mismo? ¿No crees en la mala suerte?

—Pues no, no mucho. Supongo que son cosas que pasan. Sin embargo, hay un montón de gente que echa la culpa de sus apuros a la mala suerte en vez de asumir la responsabilidad de la situación en la que ellos mismos se han metido y de salir de ella por su propio pie. Cada cual tiene más o menos lo que se merece, y eso es lo que hay.

Danny intentó retomar las riendas del diálogo.

—¿Y viajas mucho por razones de trabajo?

—Bastante, sí. Oye, ¿cómo es que has terminado en Puerto Vallarta? No habrá sido por huir de la Hacienda federal, espero.

Maldita sea: si aquello era una especie de juego socrático, al tirador se le daba de maravilla. Uno de los viejos profesores que tuvo Danny en la facultad de periodismo decía que «lo propio es hacer preguntas cortas, hacer que vuestro interlocutor no pare de hablar; evitad la tendencia a soltarle un discurso».

—No, me divorcié hace algún tiempo. Huyo de ella y de sus recuerdos, no de hacienda. Y buscaba un sitio con buen tiempo todo el año. Así terminé por llegar aquí. ¿Adónde te han llevado tus viajes?

El tirador arrojó el cigarro por la ventanilla. Cuando cayó sobre el asfalto, Danny vio las chispas por el espejo retrovisor.

—A muchos sitios, siempre allí donde haya algo que atasca los desagües del sistema. Ya te dije, se trata de limpiar y no dejar ni rastro de basura. ¿Qué te parecen esos dos mendas de Puerto Vallarta, me refiero a Willie y a Lobo? ¿Te gusta la música que hacen?

—Pues sí, ¿cómo lo sabías? —Danny lo miró de soslayo, una rápida mirada antes de seguir concentrado en la carretera.

—La otra noche os vi a ti y a la chica en un sitio. —El tirador hizo con la cabeza un gesto hacia la parte de atrás, donde Luz seguía durmiendo—. Y me pareció que lo estabais pasando en grande, bailando alrededor de las mesas y todo eso. ¿Cómo se llama el local? Sí, hombre, uno en donde sirven sopa de mariscos, ensaladas...

—¿Te refieres a Mamma Mia? —Danny tenía la extraña sensación de que alguien esgrimía un buen garrote en un punto a sus espaldas, en donde no alcanzaba a verlo con claridad.

—Eso es, Mamma Mia. Me pareció que la música estaba muy bien, que tenía poderío, una especie de energía propia, ¿no te parece? ¿Qué tipo de música era? Nunca había escuchado nada parecido.

—Pues no lo sé. Willie y Lobo lo llaman «flamenco jazz» o «jazz gitano», depende.

Iban a buena velocidad por una prolongada cuesta abajo, a punto de llegar a Santa Cruz, donde la selva dejaba paso a los campos cultivados. En los espacios que empezaban a menudear entre los árboles, Danny divisó las olas que, por el oeste, rompían en la orilla a pocos kilómetros de distancia. Mucho más allá, aún a la sombra de las montañas, el océano estaba coloreado de un rosa pálido. Ciento cincuenta kilómetros al sur de donde estaban, el Learjet de Walter McGrane comenzaba a descender sobre Puerto Vallarta.

El tirador se inclinó, rebuscó en uno de los compartimentos laterales de su mochila y sacó un paquete de Marlboro sin abrir.

—El mundo nunca podrá saciarse de esa música flamenca, por más que algunos se harten de tocarla.

Danny pensó despacio en lo que había dicho y le pareció muy acertado, como si fuera una especie de verdad elemental. Era como si en las palabras del tirador hubiera algo que llegara mucho más allá de la música, algo relacionado con la luz de una hoguera y el tacto de unos pies descalzos al bailar en la arena cerca de una caravana repintada de vivos colores, caravanas que echarían a rodar en cuanto amaneciera; era algo que tenía que ver con el hecho de moverse deprisa y vivir del ingenio, tal como estaba haciendo el tirador y tal como Danny intentaba hacer.

La carretera se curvó hacia el oeste por espacio de un par de kilómetros y los llevó a las afueras de Santa Cruz. Danny dobló a la derecha y siguió camino en paralelo al Pacífico, que se hallaba a poco más de una manzana a su izquierda, más allá de las casas que estaban en alquiler y de las que estaban en venta. Allí iban sobre todo los turistas mexicanos y muy pocos gringos. Por el espejo, Danny vio que Luz se incorporaba.

Miró de reojo al tirador.

—Creo que deberíamos parar un rato y descansar un poco. Empiezo a sentirme entumecido, sin fuelle.

—Me parece bien. Yo también estoy fatigado. ¿Conoces algún sitio donde podamos alojarnos?

—Sí, recuerdo que en San Blas hay dos o tres sitios que no son nada del otro mundo, pero que no están mal.

Hay uno que se llama Las Brisas y que es bastante agradable. Los otros son más desabridos, pero tampoco están del todo mal.

—Probemos suerte en el más recomendable. —Su decisión pareció acertada. Alojándose en donde fuera más probable que se alojasen los gringos llamarían menos la atención.

En Las Brisas las puertas estaban abiertas, pero no había nadie en recepción. Luz habló con un vejete que parecía estar encargado de aquello, volvió al Bronco y dijo que no habría nadie que se ocupara de cumplimentar el registro hasta las ocho de la mañana: faltaba hora y media. El tirador observaba al personal uniformado de la base militar de San Blas, que pasaba a uno y otro lado del Bronco camino de sus puestos en defensa de las costas de México. En algún rincón del hotel se oía el parloteo de un loro.

—¿No dijiste que había otro sitio? —El tirador parecía medio muerto de cansancio; las líneas que tenía bajo los ojos le formaban abundantes semicírculos concéntricos.

—Sí, a pocas manzanas de aquí. Hay un hotel que lo mejor que tiene es un cocodrilo disecado en el vestíbulo y una antigua copia del credo de libertad de los bucaneros enmarcada en la pared. San Blas tiene una historia llena de colorido, por no hablar de la peor plaga de insectos que se conozca en el mundo entero. Esos malditos bichos te pueden volver loco.

—Vayamos a desayunar algo, y luego volvemos a ver si podemos registrarnos. —No perdía de vista a los militares que pasaban por allí cerca.

A las ocho y cuarto habían regresado a Las Brisas. No había nadie en recepción. Luz indicó al conserje de noche, que tendría unos ochenta años, que sus amigos gringos estaban un tanto cansados y malhumorados. Pocos minutos más tarde apareció una mujer en bata y camisón que tomó nota de sus datos en el registro. La habían obligado a levantarse, era todavía muy temprano y se notaba que no le había hecho ninguna gracia. Danny reservó una habitación doble para Luz y él y otra para el tirador.

Estaban de lo más impresentable, con la ropa arrugada y obviamente fatigados, muy sudorosos debido a la pegajosa humedad de la costa mexicana y recubiertos de la polvareda que se levantó por aquellos caminos sin asfaltar, cuando perdieron de vista la carretera principal. La mujer que apareció tras el mostrador contempló a conciencia la camiseta de «Exprimida en Puerto Vallarta» que llevaba Luz y miró al techo un instante, convencida de que sin duda eran necesarios unos cuantos cambios sociales, aunque era preferible que no fueran tantos ni tan de repente.

Danny durmió hasta poco después de las cuatro de la tarde. Despertó parpadeando, cabreado y aturdido. Luz salió del cuarto de baño con el pelo mojado, desnuda, sonriéndole. Tenía unos pechos ligeramente grandes teniendo en cuenta sus proporciones corporales, y los tenía bien altos. Más aún subieron cuando se llevó ambas manos a la nuca para retorcerse el cabello y recogérselo. Dejando a un lado a la vieja Missy Morgenthal, que en sus tiempos de estudiante se habría despojado incluso de los vaqueros en una reunión del sindicato estudiantil con tal de que él se lo hubiera pedido, Luz era capaz de poner a Danny a cien en un visto y no visto, mucho más deprisa de todos modos que cualquiera de las mujeres que él hubiera conocido en toda su vida. Sin embargo, en aquellos momentos de duermevela y parpadeo, sin haber despertado del todo, atenazado por la tos que le producía el polvo inhalado, lo primero que necesitaba era una ducha y un buen café, y lo necesitaba mucho más de lo que pudiera necesitar a Luz. Sin darle tiempo a decir palabra, Luz se puso su ropa interior y dijo que se ocuparía del café mientras Danny se daba una ducha.

Cuando salió del baño, el café estaba allí y Luz se había largado. Se vistió y salió de la habitación con la taza humeante en la mano derecha; el sol, perezoso, iba camino del crepúsculo. Luz estaba a unos veinte metros, sentada junto a la piscina, hablando con alguien que nadaba en el agua. Danny se acercó a ella.

El que nadaba lentamente era el tirador, con un más que pasable estilo braza. Salió de la piscina y se quedó sentado en el borde; tenía buen aspecto con su bañador azul y rojo, como si su cuerpo no fuera ni la mitad de viejo de lo que la noche anterior daba a entender su cara. Mediría casi metro ochenta y cinco y era magro de carnes, pero de hombros recios, buenos pectorales y ni rastro de barriga. Su mochila estaba cerca del borde de la piscina, en un punto en el cual podía vigilarla a su antojo.

—*Buenas tardes* —dijo el tirador apartándose el pelo de la cara hasta aplanárselo contra el cráneo.

Fue entonces cuando Danny se fijó en las cicatrices que tenía en las piernas, unas cicatrices que le recorrían todo el muslo hasta perderse bajo el bañador. Eran cicatrices feas, como si se las hubiera producido un cuchillo sucio y nunca se las hubieran curado como es debido. Tenía otras cicatrices en la espalda y en el pecho.

Danny se recuperó y le dio las buenas tardes; encontró una silla a la sombra y apartó de un manotazo los minúsculos, casi invisibles mosquitos que volvieron a incordiarle un momento después, en cuanto se puso de nuevo a sudar debido a la elevada humedad de la costa.

El agua revestía cierto atractivo, pero Danny no había llevado traje de baño. Luz tampoco, pero se había enrollado las perneras de los pantalones y se había sentado en el borde de la piscina, agitando los pies dentro del agua hasta la pantorrilla. Por la razón que fuera estaba sonriendo.

El tirador se puso en pie, dispuesto a volver a su habitación con la mochila colgando de su mano.

—¿Qué os parece si pasamos aquí la noche, descansamos a fondo y mañana hacemos un buen trecho?

Danny dijo que por él no había problema. Las carreteras mexicanas, de noche, eran demasiado enojosas.

—¿Has estado antes aquí? —El tirador se pasaba una toalla por el pelo.

—Sí, una vez... En San Blas, claro. Hace ya varios años, cuando vagaba con rumbo sur. Estuve en el sitio del cocodrilo disecado, me pasé la noche entera peleando con los insectos. Las mosquiteras tenían agujeros como puños.

Danny aún no había conocido a Luz por entonces, y se pasó la noche en un bar para gringos, en la primera planta de una casa; era un sitio llamado «El hortera de Chuck» o algo por el estilo, y en toda la noche no dejó de mirar por la ventana. Allí se celebraba algo, y la gente daba vueltas a la plaza mientras tocaba la banda municipal. Había conversado con una joven norteamericana llamada Stacie —diríase que el cincuenta por ciento de las norteamericanas se llamaban así—, procedente de Los Ángeles, cuya conversación discurría sobre las archisabidas pautas del «bueno... o sea... tú ya me entiendes, ¿no?». Le contó que no creía en la religión institucionalizada, que ella adoraba a Dios a su manera.

También le preguntó a Danny qué opinión tenía él de todo el asunto de Dios y la religión. Él contestó que, filosóficamente, ella le había parecido tan profunda como una capa de sudor, y acto seguido pagó la cuenta. Estaba seguro de que a la sazón se la llevaría al huerto algún camarero mexicano que le diría que, si dispusiera de un poco de dinero, podría comprar un fuera borda para ganarse la vida con la pesca. Después de conseguir el fuera borda con dinero de la norteamericana, la chulearía hasta que ella, con la vida echada a perder, se fuera por el mal camino. Aquello mismo ocurría a todas horas.

Y sin embargo seguían acudiendo allá en busca de más de lo mismo, ya fueran rubias, pelirrojas o morenas, ya estuvieran divorciadas o disfrutando de unas simples vacaciones primaverales, o bien pagadas por sus acomodados padres para que dejaran de hacerles la vida imposible a familiares y vecinos, para que se largasen a fumar hierba o a airear sus problemas bien lejos de casa. Eran muy numerosas las que daban con sus huesos en San Blas y alrededores. Danny supuso que sería por algo relacionado con los piratas, o bien por alguna extraña ansia femenina que las llevara a desear que cualquiera abusara de ellas, o por ambas razones. Una vez estuvo sentado en un restaurante de la playa, al sur de Puerto Vallarta, con una mujer que le señaló una pequeña ensenada cercana. «¿Ves aquellos barquitos que cabecean allá? —le dijo—. Me parece que los he comprado todos con dinero de mi bolsillo.» Seguro que había sido muy guapa en sus buenos tiempos, si bien los efectos secundarios de tanto comprar barquitos para los pescadores que antes fueron camareros empezaban a notársele en la cara. Estaba arruinada, y él la invitó a una típica copa para turistas, gesto por el cual ella se mostró más que dispuesta a manifestarle su agradecimiento.

El tirador, aseado, cruzaba a pie el patio de Las Brisas dirigiéndose adonde estaban Danny y Luz. Tanto sus vaqueros como su camisa color hueso estaban decentemente planchados a pesar del calor y la humedad de media tarde. Aquel tipo sabía cómo hacer su equipaje, eso desde luego estaba claro.

Tomaron unas copas en un pequeño bar-restaurante adyacente al hotel donde los ventiladores de techo removían el aire caluroso y húmedo por encima de sus cabezas. Como invitaba el tirador, Luz pidió margaritas y tomó asiento con sus vaqueros y sus sandalias, con su blusa blanca y escotada hasta los hombros. Danny pidió una cerveza y la bebió despacio, proponiéndose estar al menos razonablemente alerta.

El tirador sacó su paquete de Marlboro y ofreció cigarrillos a Luz y a Danny. Luz dijo no, gracias, y Danny aceptó uno.

—Dejé de fumar hace dos años, pero volví; luego lo dejé otra vez y volví a caer. Ahora estoy dejándolo, pero de vez en cuando me fumo alguno suelto.

Puro farfullar, puras idioteces, dijo para sus adentros. Tenía que ser más perspicaz.

Tras encender su propio cigarrillo, el tirador deslizó su encendedor por encima de la mesa para acercárselo a Danny. Danny prendió el suyo y devolvió el Zippo al tirador.

—¿Cuánto tiempo llevas en México?

—Pocos días. Ya te dije ayer por la noche que me dejó un amigo que me había traído en su velero. No sé cómo, pero nuestras señales no funcionaron, y ya no regresó a recogerme al puerto.

Danny se había fijado antes en el pesado brazalete que llevaba el tirador en la muñeca de la mano derecha, pero en ese momento pudo verlo mucho mejor. Tenía una piedra de buen tamaño, azul oscuro, engastada en la plata. Danny le preguntó si podía verlo de cerca. El tirador se quitó el brazalete y se lo entregó. A Danny le sorprendió lo mucho que pesaba y así lo dijo.

El tirador volvió a ponérselo en la muñeca y se encogió de hombros.

—Supongo que lleva mucha plata maciza. Lo compré en Oriente Medio.

—Cuando llegaste por barco a Puerto Vallarta, ¿cómo cumpliste el registro de inmigración?

—No lo hice. No me apeteció tomarme la molestia y menos aún molestar a los oficiales de aduanas con semejante menudencia. —El tirador se llevó a los labios su botella de Pacífico; la nuez le subía y le bajaba al trasegar a sorbos la cerveza.

—Entonces, ¿tampoco tienes tarjeta de turista? —A esas alturas, Danny ya sabía por qué. Era cuestión de no dejar huellas, de que no quedara constancia de que había estado en México. A pesar de todo, ¿por qué arriesgarse a que lo detuvieran por una banalidad así, cuando siempre podría haberse pertrechado con papeles falsos? La única respuesta que se le ocurrió era que se habría visto obligado a actuar muy deprisa, sin tiempo para arreglar los papeles.

El tirador sonrió.

—No llevo tarjeta de turista; sólo contaba con estar un par de días aquí.

Luz miraba al tirador con un asombro que resultaba visible en sus ojos como platos, aunque entre una mirada y otra, embobada, posaba los ojos en Danny. A Danny no le sorprendió que estuviera sorprendida. Aquél era un individuo al que no le gustaban los aviones, los cheques de viajero ni las tarjetas de crédito; tampoco le hacían ninguna gracia, por todos los santos, los documentos turísticos que los oficiales emitían rutinariamente y, por lo general, sin hacer preguntas. Por otra parte, las probabilidades de que a uno le pidieran la documentación en cualquier población visitada por los turistas eran nulas a no ser que uno cometiera una estupidez de verdadero peso. Si Luz hubiera sabido lo que sabía Danny, lo habría entendido a la primera de cambio. Sólo que no lo sabía.

Danny apretó un poco más las tuercas, deseoso de conocer qué planes tenía.

—¿Y cómo diantre vas a cruzar la frontera? Eso es lo primero que piden, sobre todo en un puesto fronterizo tan poco frecuentado como Sonoyta o como se llame.

—Ya me las apañaré a mi manera. Me convertiré en una piedra para que me lancéis al otro lado, o algo así.

Danny pensó que se estaba poniendo enigmático cual esfinge. El tirador sonreía de forma un tanto viperina, le pareció a Danny, al tiempo que pedía otra Pacífico. Luz seguía mirando alternativamente al tirador y a Danny, preguntándose por el modo de ser de los gringos que había conocido y haciéndose cruces por enésima vez acerca de aquel empeño que ponían en autodestruirse.

El tirador añadió una posdata.

—No os preocupéis por eso. Algo se me ocurrirá, seguro. Además, no es problema vuestro. Basta con que me dejéis a una distancia razonable de la frontera, una distancia que yo pueda recorrer a pie, y daremos por hecha la tarea. Tengo entendido que eso de la *mordida* funciona como la seda, y que basta con dejar unos cuantos pavos en la mano de un oficial de aduanas, ya me entendéis. Si la cosa no resulta, podéis llevarme a uno de los principales puestos fronterizos y me colaré cuando llegue la hora punta.

Tenía razón. De un modo u otro se saldría con la suya a menos que la policía de fronteras estuviera buscando a alguien en particular, a alguien deseoso de volver a toda velocidad a Estados Unidos.

Danny y el tirador pidieron el especial de pescado a la parrilla para cenar. Luz prefirió los langostinos fritos en mantequilla de ajo. El sistema de altavoces daba música de Dixieland, más que nada por variar la dieta de la región y quizás en un desmañado intento por complacer a los gringos y hacerles sentir que en realidad no estaban tan lejos de su casa. Danny escuchó un bonito solo de trompeta en *Summertime* y se zampó el pescado con arroz integral mirando a cada tanto al tirador, que interrogaba a Luz acerca de su vida. A ella le complacieron sus preguntas; saltaba a la vista.

Luz le contó más o menos lo que Danny ya sabía, aunque dejó a un lado unas cuantas partes de lo más significativas, por supuesto.

—Danny entró en el restaurante —terminó diciendo— en que yo trabajaba. Me gustó nada más verlo; fue más cortés que la mayoría de los clientes y los hombres en general. Recuerdo que iba a pedir enchiladas, y que yo le dije que los chiles rellenos estaban mejor.

Dedicó una sonrisa a Danny, pero el tirador no pareció fijarse en el gesto ni en el hecho de que los chiles desempeñan un papel capital en los chistes de contenido sexual que se cuentan en México. Ser hombre y tener un gran chile se considera algo muy bueno. Danny puso los ojos en blanco y se puso a mirar por la ventana.

La banda de Dixieland atacó *Muskrat Ramble*. En el pequeño aviario del patio del hotel, los loros continuaron allí donde terminó el solo de trombón: ¡arrk!

Los mosquitos zumbaban al otro lado de la tela metálica que cubría la ventana, como si le mirasen a Danny a la cara y al cuello y le chistaran: «¡Psst! ¡Eh, gringo! Sí, tú. Sal un ratito a darte una vuelta, ¿quieres?»

Se oía la risa de los cocineros desde la cocina, se oía el lento girar del ventilador de techo, que recordaba a Danny una vieja canción de borrachines que se cantaba en uno de los primeros sitios de Puerto Vallarta que le dio por frecuentar a su llegada:

Tumbados por ahí en el Océano,
ventiladores de techo y sin agua caliente,
bebemos tequila y bromeamos con las chicas
y conquistamos a la hija de un pescador.

Luz le contaba al tirador cuántas ganas tenía de vivir en Estados Unidos. Él la escuchaba con atención y asentía de vez en cuando, pero sin decir nada.

La luz se desvanecía deprisa, y pronto fue de noche.

TARDES DE FLAMENCO

Cuatro caballos y una potranca atravesaban Juárez tomándose todo el tiempo del mundo. Danny Pastor esperó a que se quitaran de enmedio, cambió de marcha y por fin se dirigió a las afueras de San Blas. Allí dobló al este por una carretera que los llevaría a la Ruta 15, la principal carretera de enlace entre el norte y el sur por el oeste de México. Hacía una bonita mañana; la neblina se levantaba de las lagunas y los ríos, y adquiría una tonalidad ambarina con la primera luz del día. Era una bonita mañana, una plena y resplandeciente mañana de mayo, suave y cálida, capaz de producir la impresión de que todo saldría a pedir de boca.

Con eso y con todo, Danny estaba a un tiempo impaciente y todo lo contrario, vacilando en un punto intermedio hecho de ambigüedades. En sus rachas más pensativas se paraba a sopesar lo que ocurriría si les diera el alto alguna unidad de policía, e intentaba idear lo que podría decir acerca de un pasajero que carecía de tarjeta de turista. Por lo común, un asunto así podía zanjarse por medio de la *mordida*, si bien era difícil predecir hasta qué punto los asesinatos de Puerto Vallarta habían acrecentado el interés por los gringos en general. Quizá fuera un interés nulo, quizá fuera un interés inmenso, quizá consideraran el suceso un problema meramente local. De hecho, el Danny más conservador sentíase inclinado a poner rumbo a la frontera y llegar cuanto antes. El otro Danny era sabedor de que debía tomarse su tiempo, conocer a fondo al tirador, cosa en cualquier caso imprescindible si deseaba sacar de la historia todo el partido que pudiera obtener.

El tirador se había puesto unas gafas de cristales verde oscuro y su gorra azul marino, e iba tomando café en un vaso de plástico. Llevaba la misma ropa que la noche anterior, y la mantenía razonablemente tersa a pesar del calor y la humedad. Esa mañana sus ojos tenían mejor aspecto, como si no estuviera tan fatigado. Danny, con un pantalón corto de algodón verde y una vieja camisa de seda cruda y arrugada, se sentía desaliñado y punto menos que impresentable por comparación con el tirador, que tenía cierto aire marcial de nitidez y de precisión lenta y deliberada.

Luz había descansado y se le notaba en la cara; iba dando botes en su reducido espacio vital, a espaldas de Danny y del tirador. Señaló un arrendajo rabilargo que volaba entre los árboles de la derecha. La luz de la mañana refulgió por un instante en el azul traslúcido de las alas y la cola del ave. ¿Había en el mundo algo mejor para ella? No, nada. Una mañana agradable y un viaje rumbo al *Norte*, adonde siempre había deseado ir.

Dos codornices atravesaron el asfalto, correteando con sus rápidas y cortas patas antes de levantar el vuelo y desaparecer entre las palmeras de Guaycoyul. Había árboles de flores rojas y árboles de flores amarillas. El tirador preguntó a Luz por los de flor roja, y ella le contestó así: «*Tabachín*, el ave del paraíso mexicana.»

Subieron hacia el este por las bajas montañas de la costa y vieron los riscos de Sierra Madre que se alzaban unos ochenta kilómetros más allá, en la otra vertiente de un valle anchuroso. Las cimas parecían púrpuras, envueltas en la distante neblina. Curvas y cerros, aldeas que despertaban al nuevo día, carros tirados por los asnos, hombres a caballo que vigilaban el ganado, niños que caminaban a la orilla de la carretera camino de la escuela... Ascendía al cielo el humo de los fogones, el humo distante de las explotaciones agrarias de tierra quemada, donde iban despoblando de matorral las laderas. Un hombre caminaba por la cuneta provisto de los dos objetos más comunes entre los hombres que van a pie por las carreteras rurales de México: un viejo perro pachón y un machete. Hacía calor y la temperatura debía de ser de unos treinta grados. Danny supuso que llegaría a los cuarenta en pocas horas. Blandas mañanas, tardes de flamenco.

El Bronco al que apodaban Vito rodaba hacia el norte por una invisible red de comunicaciones que iba tornándose más intrincada y más densa con cada hora que transcurría, una fina y tupida red de palabras no vistas, de órdenes emitidas con el único propósito de localizar a un hombre conocido con el sobrenombre de Tortuga. Tras reabastecerse de combustible en San Antonio, el Learjet que despegó de la base de Andrews había tomado tierra en Puerto Vallarta veinticuatro horas antes. Tal como se indicó desde la torre de control, el aparato quedó aparcado cerca de una hilera de aviones del ejército mexicano en una de las lindes del aeropuerto. Walter McGrane y sus compadres fueron recogidos por una furgoneta blanca, una Dodge, y salieron del aeropuerto sin pasar por ninguna ventanilla de inmigración o de aduanas. Dos horas más tarde, unos hombres armados hasta los dientes comenzaron a repartirse por diversos puestos esparcidos por todo México, cubriendo en especial los aeropuertos y las terminales de autobús, las estaciones de ferrocarril, y recorriendo la campiña en furgonetas y camiones. Todos ellos estaban ojo avizor en pos de un hombre que había acabado con la vida de dos personas en Puerto Vallarta. Y todos ellos habían recibido las mismas instrucciones: si alguien descubriese a Clayton Price, era preciso informar a la central, pero de ninguna manera se debía entablar contacto de ninguna clase con él. Repetimos: era preciso no entablar contacto de ninguna clase con él.

Walter McGrane estaba sentado junto a un rugiente aparato de aire acondicionado en la comisaría de policía de Puerto Vallarta, tomando un café e intentando averiguar qué dirección habría tomado Clayton Price. Weatherford y el otro estaban en la habitación contigua; hablaban entre ellos en español y repasaban los informes de campo que les habían proporcionado. Hasta el momento, nada concluyente. Sin embargo, tarde o temprano aparecería algo. Siempre sucedía lo mismo. Y cuando llegara el momento, localizarían a Clayton Price, lo matarían y volverían a casa sin más contemplaciones.

El tirador no había dicho nada desde que salieron de Las Brisas, como si estuviera hondamente concentrado y pensativo, aunque en dos ocasiones se volvió para mirar a Luz.

Poco después de las nueve enlazaron con la Ruta 15. Danny dobló a la izquierda; Norteamérica la hermosa quedaba tan sólo a tres días de camino hacia el norte. Toparon con una gasolinera de la Pemex, donde Danny llenó el tanque delantero y el tanque trasero del Bronco, amén de ponerle un cuarto de litro de aceite. El empleado intentó jugarle la vieja pasada de las gasolineras, haciendo como que olvidaba poner a cero el contador antes de introducir la manga en el depósito del Bronco. Danny lo sorprendió en plena faena, puso la mano sobre el brazo del empleado y le señaló el indicador del surtidor. El empleado se limitó a encogerse de hombros, como si se le hubiera pasado por alto un detalle tan simple y tan elemental por su deseo de proporcionar un servicio rápido y eficaz al cliente.

Dejaron atrás, a uno y otro lado, pequeñas aldeas, unas muy cerca de la carretera y otras alejadas uno o dos kilómetros, todas ellas calurosas, sucias y ásperas como el infierno mismo. Había ropas medio desgarradas y puestas a secar en un alambre, perros pachones dormidos a la sombra, burros que vagaban a su antojo.

—Maldita sea, eso sí que es una vida dura —dijo Danny intentando trabar conversación—. Esos sitios son agujeros inmundos.

El tirador miró hacia allá pero no dijo nada. Había visto aldeas polvorientas por el mundo entero, había estado sentado en el suelo en más de una, había comido con la mano derecha cuando los lugareños pudieron ofrecerle algo que compartir. Siempre pagó por lo que le dieron de comer, a menos que fuera costumbre de la aldea dar hospitalidad al viajero y tomarse cualquier forma de pago como un insulto y un desaire a sus costumbres. Había comido carne de mono y carne de serpiente, de aves y de perros, de cocodrilo y quién sabe de qué, en estofados parduscos en los que los pedazos de carne flotaban grasientos, preguntándose si aquellas criaturas gordas y churretosas también se habrían preguntado en qué había terminado su feliz vida en la tierra. El estofado tenía la virtud de abolir las identidades, y por cierto que era de agradecer.

Al pasar por Santa Penita, una amalgama de casas y callejas de tierra de aspecto especialmente lamentable, Danny meneó la cabeza y se alegró de no vivir allí, acosado por la polvareda y el calor implacable. Daba lo mismo adónde se dirigiera, él jamás terminaría en un sitio así.

—Yo me crié en una aldea como ésas, viví en una

casa exactamente igual que ésas, fui a una escuela de paredes de adobe como la que acabamos de ver. —Luz iba arrodillada entre los dos, mirando por el parabrisas—. Danny, es una falta de cortesía y de generosidad decir y pensar lo que tú dices y lo que piensas. Esa gente es muy pobre, la vida es muy dura para ellos.

Era algo que Luz ya había tenido ocasión de oír, la superioridad de los gringos, la descortesía de los turistas más bocazas, que se quedaban de piedra al comprobar cómo vivían los más pobres del campo, se hacían cruces de que nadie pusiera remedio a esa situación, se preguntaban adónde va a parar toda la ayuda que enviamos al extranjero y demás idioteces de mentecatos sin un gramo de inteligencia.

—Tienes razón. Lo lamento —dijo Danny volviéndose hacia ella.

El tirador estaba pensando en términos muy similares.

—Desde luego, no parece que tenga mucho sentido, eso es cierto. Los norteamericanos nacen en la cuna de los lujos y les da por escapar de las comodidades y venir a instalarse aquí, en busca de algún significado de la vida, porque todas esas bagatelas que compramos no terminan de hacernos felices. Y mientras andamos en busca de algo, no hacemos más que quejarnos y despotricar contra la instalación de inodoros y la red de cloacas en una aldea mexicana donde no tienen ni dónde caerse muertos. ¿No has pensado nunca que estamos completamente chiflados, Danny Pastor?

—Ya, ya entiendo por dónde vas. Y en esa línea de ideas, me acuerdo de lo que dijo una vez un escritor mexicano, Carlos Fuentes: todos los gringos les parecen iguales a los mexicanos, y nuestro lenguaje les suena a chino.

Aquella charla sobre los parajes por los que pasaban dio a Danny una idea.

—¿Tú de dónde eres? —Fingió estar concentrado en la conducción del vehículo y dar la impresión de que tampoco le interesaba demasiado la respuesta.

—De Brooklyn, de la Séptima Avenida. Una zona que llaman Park Slope.

—¿Y allí creciste? —Danny tenía la honda impresión de que el hombre tranquilo estaba en disposición de charlar.

—En parte. Mi padre se largó de casa cuando yo tenía diez años. —El tirador lo miró de reojo; fue como si una oscura cortina de lluvia le hubiera pasado por la cara.

Estaba rememorando viejas imágenes, cosas negativas que habían sucedido tiempo atrás. Su voz adquirió esa coloración y resonó remota, solitaria quizá, quizá con todo eso o con algo más. Por un instante Danny pensó que la conversación había terminado, pero el tirador prosiguió hablando.

—No sé por qué se marchó. No lo he entendido nunca. Se marchó, eso es todo. Mi madre no podía mantenernos a los dos, de modo que me envió a vivir con sus padres al norte de Minnesota. El viejo bebía como un descosido. Mi abuela era buena gente, pero es que los dos ya tenían setenta y tantos años. No estaban en condiciones de volver a ser padres.

A Danny le sorprendió lo que decía el tirador, el giro personal que adquirió la conversación y el hecho de que le diera perfecta información sobre su persona, el contexto que faltaba a los sucesos acaecidos desde anteanoche.

—Eso de Minnesota suena bien. Una vez hice una larga excursión por allí. Agua en abundancia, todo muy limpio...

—Así es. Cuando el viejo no le daba a la botella, me enseñaba a cazar y a pescar. Íbamos mucho de caza y de pesca. En fin, ya todos están muertos, incluida mi madre.

—¿Volviste a ver a tu padre alguna vez... después de que se marchase?

—Una vez, sí. Mi madre y él volvieron a vivir juntos y vinieron a Parris Island cuando acabé la instrucción en el campamento. No tenía ya gran cosa que decirles...

El tirador terminó por callar. Encendió un cigarro y observó la campiña llana y reseca que iban dejando atrás, las lomas de Sierra Madre que se sucedían en paralelo a la carretera, a unos sesenta kilómetros al este. Poco más allá Luz dijo algo que Danny no llegó a entender por culpa del viento que atravesaba el Bronco y por culpa del rugido del motor en velocidad corta.

El tirador sí la oyó.

—Quiere visitar el cementerio donde están enterrados sus padres. Dice que está por aquí cerca, en un sitio llamado Teacapán.

—Celaya. —Luz casi gritaba a voz en cuello, intentando hacerse oír—. Allí están enterrados mis padres. Hace cuatro años que no visito sus tumbas.

—Luz, esto no es un viaje de placer, ¿sabes? Nos queda un largo camino hasta la frontera. Si todo sale bien tal vez podamos hacer un alto en el camino de vuelta, y ya visitaremos entonces todos los cementerios que quieras.

Danny lo dijo a sabiendas de que tampoco cumpliría, de que se le ocurriría alguna excusa en el camino de vuelta. De todos modos, a veces no queda más remedio que decir esas cosas.

Pasaban los autobuses verdes y grises de la línea Pacífico; había una larga cola de autobuses atascados en una cuesta, donde rebozaron a Vito con las negras humaredas de sus tubos de escape. Luego pasaron el puente del río San Pedro, al cual le faltaba un buen pedazo de cemento en la balaustrada de la derecha. Danny había visto brechas parecidas por todo México, y siempre se preguntaba aunque sólo fuera por un instante qué habría producido la rotura, qué se habría precipitado al vacío para nunca más volver, cuánto tiempo habría transcurrido desde entonces.

El tirador iba estudiando el mapa de carreteras mientras Danny miraba a Luz por encima del hombro. La chica estaba a punto de echarse a llorar, con los ojos humedecidos e infinitamente negros, tal como se le ponían cuando estaba triste. Danny se sintió como si de veras fuera un mal nacido, pero seguía convencido de que debía realizar el trabajo previsto. Y no era sólo la tarea de transportista, sino también la de recoger información: tenía muchísimo trabajo pendiente. Además, nunca le habían gustado los cementerios de ninguna clase. Luz iba sentada entre los enseres, mirando al oeste por una de las ventanillas laterales del Bronco.

El tirador dobló el mapa.

—Si tomas una carretera comarcal que sale de Escuinapa en dirección oeste, hacia el mar, podemos pasar por Celaya. —Se desabrochó el bolsillo derecho de la camisa y sacó trescientos dólares americanos que entregó a Danny—. Dejémosla visitar el cementerio, qué más da... Sólo será una hora por la costa y otra hora de regreso. Ya encontraremos algún sitio para almorzar en la playa, ¿no?

Luz escuchaba con atención y los miraba a los dos.

Danny se sintió como una mierda. Si aceptase el dinero se le notaría el ánimo de lucro, pero no demostraría que le importaba Luz y las tumbas de sus progenitores. Si no lo aceptase, sería como mandar a la porra tanto a ella como al tirador. El tirador había colocado a Danny en una difícil tesitura, y eso era algo que le gustaba muy poco, hasta el punto de que se puso colorado.

Danny se dio la vuelta a medias.

—De acuerdo, iremos a Celaya. Y deja de llorar, Luz. Por lo que más quieras.

Devolvió el dinero al tirador.

—Toma, tú mandas. La cantidad que acordamos es más que suficiente.

La codicia tenía sus limitaciones. No muy a menudo, de acuerdo, pero a veces sí.

En Escuinapa, el tirador vio a una *señorita* que cruzaba la calle delante de ellos cuando estaban detenidos ante un semáforo. Era más alta que la mayoría de las mexicanas y tenía las piernas más largas; llevaba unos vaqueros cortados a la altura del muslo y una camiseta sin mangas de color melocotón. Bajo la fina tela de algodón se le bamboleaban con gracia los pechos al ritmo de sus pasos. Era una mujer muy hermosa, de larga melena castaña y reflejos cobrizos, con una estructura facial casi asiática. Llevaba una fuente de comida, y el tirador la siguió con la mirada hasta verla introducirse en un establecimiento.

Miró de reojo a Danny, con una sonrisilla levemente azorada por el hecho de que Danny lo hubiera visto mirar atentamente a la mujer. Meneó la cabeza como si quisiera decir «Vaya encanto».

O quizá quiso decir: «Ha pasado mucho tiempo.»

O incluso: «Ojalá fuera más joven.»

A medida que avanzaban por la calle, el tirador se dio la vuelta para escrutar la puerta por la que había desaparecido la *señorita.* En el escaparate contiguo había puntas de acero para arpones, piezas de motores fuera borda, dos boquillas para trompeta, cámaras fotográficas, rollos de película, gafas y tubos de bucear, aceite lubricante para motores, cintas vírgenes de audio, dos morillos de hierro colado para la chimenea, un balón de baloncesto y dos de fútbol, brújulas, candados, cebos y aparejos de pesca, gafas de nadador, faros de automóvil, relojes de sobremesa.

Danny dobló al oeste, hacia el mar, mientras Luz contemplaba al tirador, que había dado por terminado su examen de la mujer de la camiseta color melocotón.

Diez kilómetros más allá cruzaron un largo puente que salvaba una zona de marismas. Al otro lado había una aldea a la derecha. Delante de la tercera casa, por una calle sin asfaltar, había una jaula a la sombra de un banano. Y en la jaula había algo que merodeaba de un lado a otro sin respiro.

También lo vio el tirador, que señaló en aquella dirección.

—¿Qué puede ser eso? ¿Qué hay en la jaula?

—No lo sé. Los mexicanos tienen por mascota animales de toda clase.

—Acércate. Sea lo que sea, quiero verlo de cerca.

A Danny aquello empezaba a parecerle, en efecto, un viaje de placer. De todos modos, ¿qué demonios? Viró para enfilar el camino de la aldea y avanzó por la calle sin asfaltar hasta detener el vehículo delante de la tercera casa.

En la jaula, una amalgama de manchas pardas sobre una piel grisácea se movía sin cesar más allá de los gruesos alambres. Era un ocelote adulto que rápidamente recorría de un lado a otro un espacio poco más amplio que la longitud de su cuerpo: apenas disponía de sitio para darse la vuelta. En dos cortas zancadas llegaba a un extremo, donde se volvía en redondo para dar otras dos cortas zancadas y regresar al punto de partida, como en una especie de insensata protesta, una secuencia repetida sin cesar, un viaje eterno que no le llevaría a ninguna parte.

A Danny se le revolvió el estómago sólo de verlo; percibió, sintió en los huesos su desesperación, una especie de furia y de impotencia, una agonía desgarradora o cualquier otro sentimiento que un ser humano pueda atribuir a la conducta animal. Años antes había entrevistado a una experta en zoología que estaba realizando una gira para dar conferencias sobre los chimpancés. Para preparar la entrevista leyó unas cuantas cosas sobre comportamiento animal y descubrió que los animales en cautividad experimentan una serie de cambios drásticos, hasta el punto de no ser el mismo animal que estaban destinados a ser en libertad. Bastante penosa era esa situación en los parques zoológicos; en un espacio tan limitado como era la jaula del ocelote, terminaban por llegar a un estado semejante a la demencia en el ser humano. Danny lo comentó, y los tres permanecieron un minuto entero contemplando a un ocelote que ya no era un ocelote, sino algo diferente, un animal que no existía en ninguna otra parte del mundo, sólo en aquella aldea, en aquel jardín, en aquella jaula, a la sombra de un banano.

—¿Por cuánto crees que lo pueden vender? —El tirador no dejaba de mirar al animal.

—¿Ese gato? ¿Estás pensando en comprarlo?

—Sí.

—¿Y luego, qué?

—Lo soltamos. Tengo entendido que están prácticamente extinguidos en esta región de México, o en todo el país. Lo leí en una revista hace algún tiempo.

Joder: hablando de chaladuras, hablando de locuras, aquello era la guinda de la tarta. Danny se imaginó el cuadro: él al volante, Luz sentada en el regazo de un asesino, y a un palmo de sus cabezas un ocelote demenciado, todos ellos camino de un cementerio que Danny no tenía ningunas ganas de visitar.

Sin embargo, había entendido lo que quiso decir el tirador.

—Lo más probable es que pidan mil dólares al menos. O cinco, o diez mil. La verdad es que no lo sé. No sólo los zoos los quieren; a las damas pudientes les fascinan los abrigos de piel de ocelote.

—No llevo tanto dinero de sobra encima. ¿Cuánto se tarda en recibir aquí una transferencia por telegrama?

—Difícil de saber. Dos días, puede que una semana,

al menos teniendo en cuenta la cantidad en que estás pensando. Y si empiezas a realizar semejantes transferencias, seguro que todo el mundo se interesa por ti, incluida la DEA. A todos les dará en la nariz que te dedicas al tráfico de drogas.

El tirador se recostó en su asiento con las facciones tensas.

—Vámonos.

—El mundo es así, no lo he inventado yo —dijo Danny a la vez que cambiaba de marcha y reculaba por la calle—. ¿Has estado alguna vez en una corrida de toros? Eso es totalmente distinto. Es una ceremonia acerca de la muerte, acerca del dominio del animal por parte del hombre.

—No. Siempre me he negado a ir. —El tirador seguía con la mirada fija al frente y los labios apretados—. Pero a veces hay cosas peores que las clásicas corridas. ¿Has oído alguna vez cómo son las *fiestas populares*? Se traduce por «festivales sangrientos». En España se celebran a todas horas. Yo vi uno una vez, y casi no pude creer lo que estaba viendo.

—No puedo decir que haya visto nada semejante.

—Hay versiones diferentes, depende del sitio en donde estés y de cómo sea la fiesta en cuestión. Una de las versiones, la que les gusta en Coria, consiste en soltar a un toro por las calles del pueblo. La gente intenta sacarle los ojos arrojándole dardos de punta de acero, como si el toro fuera una diana. Al cabo de un rato el toro está repleto de dardos que se le han clavado por todo el cuerpo. Es entonces cuando el gentío se pone a torturarlo en serio, golpeándolo y tirándole del rabo, acuchillándole con punzones de metal. Por fin, matan al toro y lo castran. Hecho esto, los que han participado en la fiesta y se lo han pasado en grande, y me refiero a los hombres, las mujeres y los niños, se untan todo el cuerpo con la sangre del toro. El momento culminante de la fiesta llega cuando pasean los testículos del pobre animal por todo el pueblo. En otras versiones de esta aberración participan unos enanos o unos payasos que imitan en burla las verdaderas corridas, aunque en realidad escenifican una tortura, lisa y llanamente una tortura. Me han caído muy bien casi todos los españoles y los mexicanos que he conocido, pero nunca he conseguido entender por qué algunos tratan de esa forma a los animales, sobre todo cuando toda esa mierda se lleva a cabo bajo el estandarte de la familia, como sucede a menudo. Joder, en España hasta los curas acuden a dar su bendición a todo el cotarro. Y puede que aquí hagan lo mismo, al menos por lo que he podido saber.

—En fin, nosotros los colgamos y les rajamos el cuello en el matadero —dijo Danny—. Los cazamos con rifles de mira telescópica. ¿Tú crees que hay alguna diferencia?

—Creo que hay una enorme diferencia, pero debo decir que eso tampoco me gusta nada. De pequeño yo también cazaba animales, pero nunca he vuelto a cazar. Tengo esa idea acerca de las civilizaciones paralelas, algo que tiene mucho que ver con la igualdad de todos los seres vivos... de todas las cosas... las piedras y los árboles y los ocelotes y los toros y los seres humanos; tiene mucho que ver con eso de aprender a amar a la serpiente tanto como amas a la mariposa. No estoy muy seguro, no sé cuándo empecé a pensar así. —Hizo una pausa y miró por la ventanilla—. En fin, ¿qué importa todo eso?

Danny tuvo ganas de hablar de las peleas de perros y de las peleas de gallos, de las mutilaciones de animales que aún tenían lugar en los Estados Unidos, pero se dio cuenta de que el tirador estaba de mal humor, así que lo dejó en paz con sus contradicciones.

En las afueras de Celaya, el tirador y Danny permanecieron sentados en el Bronco mientras Luz subía una larga cuesta hasta llegar al cementerio. Había moscas por todas partes, soplaba un viento caluroso, y un mozalbete que guiaba un rebaño de vacas pasó por la carretera. Espantaron de cualquier manera a las moscas; el tirador no dejaba de mirar a Luz entre las reverberaciones de calor que se desprendían de la tierra. Al cabo de un rato, sin decir nada, salió del vehículo y siguió sus pasos. En pleno centro de México y en la época más calurosa del año, el sol era un rayo láser que caía de plano sobre él cuando comenzó a subir la cuesta. Danny lo vio sacar un pañuelo del bolsillo trasero derecho y secarse el sudor de la cara y el cuello sin dejar de caminar.

Luz estaba arrodillada en medio del pequeño cementerio. El tirador se acercó a ella y permaneció de pie en silencio, fijándose en que sus cabellos se le pegaban a la nuca y en que la piel morena le brillaba sudorosa bajo el sol. Al cabo de unos minutos, Luz se levantó; Danny vio que le decía algo al tirador. Éste asintió y los dos conversaron al principio sin sonreír, pero después sonriendo un poco cuando ya bajaban hacia el Bronco.

Cuando estaban a menos de veinte metros, Luz se paró a recoger un manojo de flores que pidió al tirador que sostuviera mientras ella se acomodaba en la parte posterior de Vito. El hombre parecía un tanto incómodo con las flores en las manos, y cuando se las devolvió a Luz se le cayó una que fue a parar a la cuneta, arrastrada por un golpe de brisa. Luz dijo que no importaba, pero él recuperó aquella solitaria flor amarilla y se la entregó. Cuando Danny arrancó el motor y después puso rumbo a la playa, Luz iba inclinada sobre las flores, aspirando su aroma. El tirador miró hacia la carretera con una amplia sonrisa en los labios.

A juzgar por la cantidad de botellas de Tecate que tenían delante, Danny supuso que los *hombres* del restaurante de la playa de Teacapán llevaban trasegando cerveza desde hacía al menos un par de horas, quizá desde media mañana. Los *hombres* habían detenido una camioneta Dodge cerca de la mesa en que estaban sentados, y habían dejado las puertas abiertas, de modo que la radio batía el aire como lo batía el calor. El capó estaba abierto; al parecer, uno de ellos había estado trasteando en el motor, a juzgar al menos por las manchas de grasa que tenía en la pechera de la camisa de algodón. Danny notó el olor a gasolina, y llegó a la conclusión de que había enredado con el carburador.

Eran ocho en total; bebían y sudaban bajo la techumbre de brezo, y reían ruidosamente con cualquier pretexto, aparte de acariciar de vez en cuando los machetes que habían dejado sobre la mesa. Uno de ellos depositó la botella sobre la hoja del machete y la arrojó al aire para intentar cogerla en la hoja al caer. La habilidad requerida por el intento excedía en mucho su destreza, de modo que la botella se hizo añicos al estrellarse contra la mesa. Sus *compadres* se echaron a reír.

—*Borrachos* —murmuró Luz.

El malabarista miró de hito en hito a Danny, a Luz y al tirador con una mueca mezquina y burlona en la cara. La canción que atronaba por la radio de la camioneta tenía que ver con los *norteamericanos*, hacía alusión a lo ricos, torpes y mamones que eran todos, y a lo mal que trataban a los inmigrantes que se deslomaban trabajando de sol a sol en sus campos, en sus granjas. Al menos, eso fue lo que Danny llegó a entender.

Al cabo de dos minutos, los ocho miraban a Danny, a Luz y al tirador, a la vez que hablaban de ese modo en que todos los borrachos del mundo suelen hablar. Basta con juntar a dos o más, mexicanos o de cualquier otra parte, y hacer que beban un poco, y la testosterona parece obtener un efecto multiplicador gracias al alcohol y al hecho de que son unos cuantos. Allí, bajo el tejadillo de brezo de un bar de la costa de México, las hormonas de los presentes y sus bravatas de pandilleros adquirieron una dimensión extra de eso que suele denominarse *machismo.*

Iba a ser una de esas situaciones en las que cualquiera tiende a pensar: gracias a Dios que no estoy con una mujer, sobre todo con una mujer bonita. Pero Danny sí estaba con una mujer, con una mexicana, y ella estaba en compañía de dos gringos, cosa que iba a complicar la situación mucho más. Danny contemplaba la cara del tirador: se dio cuenta de que no le hacía ninguna gracia lo que estaba ocurriendo, igual que a él. Sin embargo, de momento conservaba la calma y bebía muy tranquilo su cerveza, a la vez que apoyaba un pie contra su mochila, que estaba debajo de la mesa.

—Eh, gringo, ¿tienes una cerilla? —El de la camisa sucia de grasa se había inclinado hacia el tirador y hablaba un inglés chapurreado. El tirador lo miró un largo rato; luego echó mano al bolsillo de su camisa y sacó su encendedor plateado.

—Oh, no, amigo. —El *borracho* se echó a reír; el pelo negro y sucio le caía en dos crenchas sobre la cara—. Ya no me hace falta, acabo de encontrar una manera mejor. Con mi culo y tu cara, ¿comprendes?

Evidentemente, el tirador no lo entendió, ya que siguió sosteniendo el encendedor hacia el mexicano. La mesa entera se desgañitaba de la risa por la gracia del tipo. Habían encontrado a una persona a la cual ridiculizar, una persona tan vieja y temerosa que seguía ofreciendo su mechero, dispuesto a encenderles los cigarros después de que ellos lo hubieran insultado.

Uno de ellos gritó *«pollo»* y comenzó a cloquear y a mover los brazos, imitando de mala manera a una gallina de corral, al mismo tiempo que sostenía en alto la mano derecha con el índice y el meñique extendidos —«que te jodan», según el lenguaje por signos que utilizan los mexicanos— y barbotaba entre risas: «*No tiene huevos*, no tiene pelotas.» Era una manera de manifestar a la bella señorita cómo eran los gringos en realidad. Danny comenzó a moverse con ánimo de levantarse y largarse de allí cuanto antes.

El de la camisa sucia de grasa decidió permitir al tirador que le encendiese el cigarro, ya que aquel hombre flaco, de pelo entrecano y camisa color hueso, con una gorra doblada sobre los ojos, estaba claramente deseoso de complacerles y de ahorrarse cualquier complicación. El hombre sacó un cigarrillo del paquete y se inclinó hacia el tirador.

Lo que sucedió después sucedió deprisa, sin que Danny pudiera estar muy seguro de cómo consiguió el tirador prender fuego a la grasa y gasolina que empapaban la camisa del mexicano con su mechero. El hombre se puso a dar saltos a la vez que procuraba apagar las llamas dando palmas e intentaba desabotonarse la camisa, si bien no pudo quitársela debido al pánico que le invadía, por lo cual echó a correr hacia el océano, que estaba a una veintena de metros. Danny se dio cuenta de que los tres estaban metidos en un grave aprieto, así que levantó a Luz de un tirón y la acompañó hacia el Bronco.

Uno de los *hombres* agarró un machete y balanceándolo se acercó al tirador. Éste adoptó una postura a medias agazapada, realizó un movimiento propio de las artes marciales —un movimiento lleno de gracia, en el que los brazos y las largas y esbeltas piernas se desplazaron al unísono— y el mexicano se hincó de rodillas con la nariz partida y un pedazo de pómulo roto sobresaliéndole de la piel, el machete tirado en la arena a su lado. Otros dos saltaron para plantarle cara al tirador. Él se llevó la mano a la espalda y sacó del cinturón una navaja con cachas de hueso y una hoja de unos diez centímetros de largo. Todo se detuvo durante un instante, y sólo se oyeron los gritos del dueño del bar.

Al cabo de unos segundos, el tirador recogió su mochila y echó a caminar hacia el Bronco, mirando por encima del hombro una sola vez. Los *hombres* se quedaron clavados en sus sitios, aturdidos por lo que había pasado. El hombre de la camisa quemada y el pecho quemado salió del agua dando tumbos por la arena en dirección hacia el Bronco, con la camisa hecha andrajos y los brazos en alto, llamando al tirador todas las maldades que se pueden decir en mexicano coloquial cuando uno se vuelve loco y está dispuesto a matar. El tirador le dejó que se acercara y le asestó una patada en la entrepierna cuando lo tuvo a su alcance.

Danny arrancó el motor. El tirador entró por la portezuela del copiloto y miró al mexicano, que estaba vomitando en la playa.

—Vámonos de este sitio de mierda —dijo a la vez que se guardaba la navaja en el cinturón por debajo de la camisa.

Encendió un cigarro y se acomodó en el asiento, observando a los *hombres* cuando el Bronco pasó por delante de ellos. No sonreía, pero tampoco parecía particularmente molesto. Danny temblaba un poco; reajustó el espejo del lateral, por el cual vio a dos de los *hombres* agacharse junto a su *amigo* caído en la playa. El tipo seguía a cuatro patas, vomitando sin cesar. Bajo el tejadillo de brezo, los otros se ocupaban del hombre al que había partido la nariz, un hombre cuya cara ya nunca sería como antes.

Pocos kilómetros más allá, Danny se calmó un poco y miró al tirador: se fijó en que tenía un rasguño muy marcado en la mejilla izquierda, delante de la oreja. Vio que se restañaba el arañazo con un pañuelo azul en el que había vertido un poco de agua.

—¿Estás bien? —preguntó Danny, que aún se sentía culpable por no haberle ayudado en la pelea, aunque tampoco demasiado culpable, ya que de poca ayuda le habría servido.

El tirador no miró a Danny y siguió cuidándose la herida con el pañuelo empapado en agua.

—Sí, el filo del machete me rozó cuando se le escapó de las manos. Fue una estupidez por mi parte. Empiezo a ser demasiado viejo para esas tonterías, para dejar que mi orgullo pueda más que la sensatez. Sé comportarme mejor, y sé que debería haberme retirado sin pelear.

Sin darse cuenta, el tirador sólo se aplicaba el pañuelo en una parte de la herida. Luz se lo quitó de las manos y, sosteniéndole la nuca con la derecha, con la otra procedió muy suavemente a secarle la sangre. Él se puso rígido, ya fuera por sentir el tacto de su mano en el cuello o porque le escocía la herida. Danny no supo cuál fue el motivo. Después, el hombre que se hacía llamar Peter Schumann permaneció muy quieto mientras ella le limpiaba la cara.

—Desde luego, has manejado la situación divinamente —dijo Luz.

Tras rebuscar en su mochila, el tirador extrajo un tubo de ungüento y se lo aplicó en el corte.

—Fue una estupidez. Eran ocho en total. Si hubieran venido por mí todos a la vez, aún estaríamos allí, y yo tendría que cuidar muchas más heridas que este corte superficial. Diríase que los genes del mundo entero han decaído mucho, y es mejor no hacer caso de esas cosas. No se puede luchar contra el mundo entero.

—Lamento no haberte echado una mano.

—Qué va, hiciste lo que había que hacer, sacar de allí a Luz y arrancar el coche. De otro modo, sólo me habrías estorbado. Estoy acostumbrado a cuidar de mí mismo, ya ves.

—¿Dónde has aprendido a pelear así? ¿Es kárate, o qué? —Lo que Danny en realidad estaba preguntándose era hasta dónde habría tenido que llegar la situación para que echara mano de la pistola que llevaba en la mochila.

El tirador no sonreía.

—Es una combinación de cosas que aprendí hace mucho tiempo. —Suspiró, se recostó y encendió otro cigarro para ponerse a mirar la campiña.

Pasaron unos minutos.

—Me pregunto qué sentirá un ocelote enloquecido... Qué sentirá en la cabeza, no sé si me explico. Debe de ser de un color anaranjado como el fuego... lo que se ve allí, como el fuego, tan caliente que resulta imposible de aguantar, como un hierro al rojo en la lengua... como si una hilera de hormigas rojas se te metiera por el recto.

Hablaba más para sí que para Danny. Danny lo dejó seguir y miró por encima del hombro hacia Luz, que iba sentada en silencio, mirando la nuca del tirador. Al cabo de un rato se puso de rodillas y apoyó el mentón sobre el hombro de Danny, metiéndole la mano por debajo de la camisa. La herida del tirador parecía sangre reseca, enrojecida y algo hinchada. Luz sacó la mano de debajo de la camisa de Danny y la puso sobre el brazo del tirador. Éste no se movió, siguió con la vista fija al frente.

Cuando volvieron a pasar por Celaya, Luz se dio la vuelta para mirar por la ventanilla trasera de Vito. La aldea estaba a medio kilómetro de la carretera.

Había nacido allí, allí fue bautizada como María de la Luz Santos, en el seno de una familia de baja extracción. ¿Muy baja? Ser la pequeña de seis hermanos y nacer en el seno de una familia de campesinos mexicanos ya era bastante duro. Pero como los otros cinco eran niños, empezó muy por debajo de lo más bajo. El rango social tendía a favorecer primero el género, después la edad. Dominaban los varones, y era obligatorio guardarles la debida deferencia, sobre todo y muy especialmente al padre. Añádase a eso la juventud, y quedará claro que María de la Luz Santos estuvo sometida a las órdenes de todos.

Así era el orden establecido. Bastante duro, pero doblemente duro cuando uno tiene los sueños que tenía Luz ya de jovencita. Eran sueños vagos, extraídos de las viejas revistas que leía, de las embellecidas historias que contaban los inmigrantes al regresar del *Norte*, pero incluso sin esas fuentes de información Luz habría albergado sus propios sueños, pues ella era así.

A finales del verano de 1983 despertó una mañana antes de que amaneciera, ocho años antes de conocer a Danny. Con el canto de los gallos y la primera luz del día, la neblina aún cubría los campos y una leve brisa soplaba sobre la aldea llamada Celaya. Ayudó a su madre a cocinar el desayuno de su padre y sus hermanos. Antes de las siete en punto, Jesús Santos y sus tres hijos mayores ya habían pedaleado en sus bicicletas destartaladas para llegar a la plantación de chiles en donde trabajaban haciendo jornadas de ocho horas a cambio de un ínfimo jornal. Los dos hijos menores se pasaban el día entero faenando en la porción de terreno comunal asignada a la familia.

Esa mañana, diez años antes, le dolía la tripa; el día anterior había sangrado un poco. Tenía doce años, y dentro de su cuerpo estaba pasando algo que ella no podía entender, ya que su madre nunca le habló de los ciclos menstruales ni de ninguna otra cosa relacionada con su condición de mujer. No obstante, la sangre asustó a Luz, de modo que su madre, al verse acuciada por aquellos jóvenes ojos negros que le hacían mil preguntas en silencio, intentó explicárselo tan bien como supo. Le dijo que ésa era la forma en que Dios quería preparar a Luz para que tuviera una familia.

Luz también pidió permiso para disponer de una manta para ella sola. No le pareció correcto seguir compartiendo la manta con su hermano pequeño, Pedro, ni dormir sobre el jergón de paja al lado de su cama, ya que el chico tenía quince años y una o dos veces la había rozado accidentalmente con su erección matinal, dormido del todo o medio dormido. Le había dado una infinita vergüenza hablar de esas cosas, pero estaba claro que a partir de ahora debía disponer de una manta propia. Su madre le dijo que lo comentaría con el padre.

Al canto de los gallos se sumaron otros ruidos característicos de la aldea, y Luz, a sus doce años y llena de sueños a rebosar, pensó en el día que le esperaba. Barrería el suelo de tierra de las dos piezas de que constaba la casa, cosería, y amasaría tortillas de acuerdo con un ritmo que su madre decía que era el latir del corazón de México. Aún estaba oscuro para ver bien qué colgaba de las paredes de adobe, si bien ella sabía qué colgaba aquí y allá por haberlas contemplado durante todos los años de su vida: periódicos viejos y calendarios, algunas estampas religiosas y una fotografía de Jesús y Esmeralda Santos en el día de su boda. La fotografía estaba amarillenta y rizada, y habría quedado mucho mejor de no ser porque un borracho sujetaba el vaso en alto y miraba por encima de los hombros de sus padres en el momento en que fue tomada.

En la habitación de la entrada despertaban uno por uno sus cuatro hermanos. Los chicos compartían dos camas, entre las cuales había una mesilla de madera con una pila de libros de texto y algunos folletos católicos. Bajo la mesilla había un arcón en el que se guardaban los papeles de la familia, los certificados de nacimiento y las partidas bautismales, así como algunas fotos más que habían sido tomadas en ocasiones especiales, como la confirmación de Jesús el segundo. Esmeralda Santos disponía de un rincón del arcón para guardar su único par de zapatos y el único buen vestido que poseía.

Por la tarde, Luz ayudaba a los hermanos menores en los campos, agachándose a recoger las verduras que su madre vendía a otros lugareños. Fuera, al sol, a Luz se le levantaba el vestido de arpillera, y el viento cargado de polvo agitaba el ala de su sombrero de paja, aunque el cordel que le pasaba bajo la barbilla lo mantenía bien encasquetado sobre su espesa cabellera negra.

En aquellos tiempos, al volver del campo a casa Luz caminaba con la vista fija al frente, sin mirar a los hombres que desde la puerta de la cantina la miraban pasar. Se daba por hecho que tarde o más bien temprano se casaría con uno de los más jóvenes, al cual le asearía la casa aparte de parir a sus hijos, tantos como él quisiera tener. «Tendrás todos los niños que Dios decida»: ésa era la norma de la Iglesia, aunque las mujeres de la aldea no parecían del todo convencidas cada vez que la repetían. Tal como eran las cosas, y tal como son, se daba por sentado que Luz soportaría las palizas que le diera su marido cuando volviera borracho a casa, aparte de tratarlo perpetuamente como si fuera el único diosecillo del hogar. «El hombre no es perfecto, pero es tu hombre.» Ése era otro de los dichos que corrían entre las mujeres de la aldea.

Dos años después despertó exactamente igual, en la misma habitación, sobre un jergón de paja situado junto a la cama de sus padres. Entonces ya disponía del jergón para ella sola, ya que Pedro disfrutó de un espacio propio cuando Jesús el segundo encontró un trabajo cerca de Teacapán para trabajar de jardinero en una pequeña colonia de gringos. Luz tenía catorce años y los hombres más jóvenes ya la miraban sin perder ripio incluso a la puerta de la casa de Jesús Santos. A veces hablaban con ella en las *fiestas* de la aldea. Ella mantenía la mirada baja en casi todas las ocasiones en que los hombres le dirigían la palabra, pero no siempre. Luz era distinta, y ésa fue la tercera cosa que dijeron las mujeres de la aldea.

Luz había tenido suerte al menos en un aspecto, ya que gracias a un amago de reforma educativa la aldea contó con maestros que le dieron clase hasta que aprobó sexto de primaria. No llegó más lejos, pero al menos llegó hasta ahí. Teniendo en cuenta la media de las aldeas mexicanas, no estaba nada mal. Sus hermanos ni siquiera pasaron de cuarto, con la sola excepción de Jesús, que hizo cinco cursos de primaria antes de irse a trabajar para los gringos cerca de Teacapán y traer más dinero a casa.

Jesús, el cabeza de familia, habló con la madre de Luz y le dijo que llegar a tercero ya era suficiente para una chica; añadió que un exceso de educación sólo servía para que las mujeres fueran difíciles de manejar, y que así sería mucho más difícil encontrarle marido a Luz. La madre de Luz le plantó cara y dijo que Luz era especial, que tenía sus propios sueños y que debía llegar en sus estudios hasta donde los maestros considerasen oportuno. Por semejante insolencia, Esmeralda Santos se llevó una paliza, a pesar de lo cual siguió en sus trece. A Luz se le permitió continuar en la escuela. Aprendió a leer y a escribir y estudió historia elemental de México, una historia coloreada por las emociones y no del todo ajustada a la verdad de los hechos, pero que no era peor que las historias embellecidas que se cuentan en tantas otras partes. También aprendió a caminar con los hombros encogidos y algo encorvada cuando pasaba por delante de los hombres de la aldea, ocultando de esa forma sus pechos, que ya tenía bien grandes y que a pesar de todo parecían seguir creciendo día a día.

El resto de las muchachas de la aldea se pusieron lívidas de envidia cuando un fotógrafo gringo visitó Celaya y la escogió a ella para realizar una serie de retratos. La siguió a los campos cultivados y la fotografió con su sombrero de paja y su vestido de arpillera. Y después llegó un paquete que contenía una fotografía suya, mate y en un marquito de plata. El fotógrafo la había sacado de pie, con la brisa del mar azotando su ligero vestido y doblándole el ala del sombrero. Estaba descalza y sonreía con un punto de timidez al tiempo que miraba a la cámara. Aquel hombre tranquilo, de camisa caqui y tirantes anaranjados, también sonrió al terminar la sesión; guardó la cámara y dijo que acababa de tomar una estupenda fotografía de ella, que le enviaría una copia. Ella guardó la fotografía entre sus posesiones más preciadas, como recordatorio de sus tiempos en la aldea.

El cólera —primero de la mano de un viajero, después en el agua y en la fruta— sopló desde el norte. Se llevó por delante a la madre de Luz, a su padre y a uno de sus hermanos. Luz no contrajo la enfermedad, y su decisión posterior estuvo muy clara: era cuestión de quedarse o de marchar. Dos jóvenes de la aldea necesitaban casarse, y todo el mundo comentó que Luz sería una buena esposa: no sólo era muy bella, sino que sabía trabajar. Su único defecto era su inteligencia, amén de su natural un tanto levantisco, aunque con unas cuantas palizas y seis o siete niños sin duda se apagarían esas cualidades. Tal como les gustaba decir a los hombres, «si están embarazadas no se largan por ahí». Y el machismo exige que no se larguen por ahí, pues siempre, siempre existe el temor de que una mujer otorgue sus favores a otro hombre, y eso es lo peor que puede pasarle a *un hombre macho* casado con una mujer.

En aquella misma colonia de gringos en que trabajaba Jesús de jardinero, Luz encontró trabajo de criada en casa de unos norteamericanos. Tenía quince años y trabajaba tanto o más que en su casa. Sin embargo, allí se comía más y mejor, y también le dieron un par de zapatos, un uniforme y una cama para ella sola, en una habitación encima del garaje que compartía con otras dos jóvenes. De noche oía las olas del Pacífico acariciar la costa a menos de cincuenta metros de donde estaba.

Cuando el hijo de los norteamericanos los visitó durante unas vacaciones, se fijó en Luz: se fijó en sus finas piernas y en los pechos prominentes que se le marcaban bajo el uniforme, en la belleza de su rostro, en que sólo en sus altos pómulos se le notaba un asomo de la estructura facial que la sangre de los indios había dejado generación tras generación. Ese hijo se llamaba David, y fue el primer hombre que conoció Luz. Que Luz y él nadasen juntos de noche y que hicieran otras cosas juntos fue entendido y aceptado por todos sin reparos. Al padre de David le preocupaban las enfermedades venéreas, de modo que el muchacho siempre utilizó un condón.

David tenía diecisiete años y la torpeza propia de su edad, pero Luz no había conocido a ningún otro, por lo cual presupuso que tales cosas nunca duraban más de los treinta segundos que el joven tardaba en ponerse con la respiración acelerada, para quedarse después muy quieto encima de ella. Su madre le había dicho que ésa era la prerrogativa del varón, y que todo lo que el varón hiciera estaba bien hecho. Sin embargo, no era eso lo que las imágenes de las revistas daban a entender, ni era eso tampoco lo que se sugería en las series de televisión. Tanto las revistas como la televisión explicitaban que estaba permitido llevar bonitos vestidos que realzasen el cuerpo de la mujer, que era correcto hablar y sonreír sin miedo en presencia de los hombres. Los artículos y las series decían que debían darse momentos de total abandono en los que la mujer alcanzase las alturas del éxtasis. Todo aquello era muy confuso.

David era sin embargo un muchacho decente, la familia era decente en conjunto, mejor incluso de lo que Luz había aprendido a esperar de los gringos. Le enseñaron rudimentos de inglés, de buen inglés, con no pocas expresiones coloquiales norteamericanas. Todo el mundo le dijo que aprender inglés era la clave para encontrar mejores trabajos, en los sitios adonde iban los turistas. Había que ascender en la jerarquía lingüística, adquirir fluidez en inglés, para ser empleada de un hotel o vendedora en una tienda de ésas en las que las gringas compran artículos para la playa y ropas mexicanas que después se llevan a su país y se ponen en las fiestas.

A los dieciocho, Luz recogió sus cosas, se convirtió en gitana por un día y tomó el autobús de Puerto Vallarta. Según supo, a ese exótico lugar llegaba un millón de turistas al año, y allí había trabajo para todo el que supiera hablar inglés con soltura. También se decía en susurros que, de vez en cuando, un gringo se llevaba a una mexicana al *Norte*, a vivir la buena vida. Trabajando de camarera de habitaciones en el Sheraton primero y después de pinche de cocina en La Placita, Luz vivía con otras cinco mujeres en una chabola de las cercanías. Ella habría seguido más tiempo en el Sheraton, sólo que el adjunto a la administración no la dejaba a sol ni a sombra, y la incordiaba diciéndole que si no se portaba bien con él se quedaría sin trabajo. Era un tipo gordo y feo, y la tocaba con sus dedos gruesos cuando ella pasaba cerca de él. La Placita al menos tenía una cocina bien limpia.

Los jóvenes gringos que iban en grupo a Puerto Vallarta tenían dinero, más dinero del que ella podría imaginar. Bastaba con sentarse en el Malecón y sonreírles para que ellos a veces se parasen y le dijeran: «Caramba, hablas muy bien el inglés»... entre otras lindezas. Llevaban camisetas con inscripciones obscenas, algunas de las cuales decían «Life Is a Beach», un juego de palabras metafórico que Luz no comprendió al principio*, y vestían pantalones cortos que dejaban a la vista sus piernas musculosas y peludas. Sin embargo, habían pagado veinte dólares por pasar una noche con una joven mexicana, una verdadera ganga para darse después mucho lustre hablando de la calentura de las mexicanas cuando volvieran a la Universidad de Artes Agrarias y Mecánicas de Texas.

*. Literalmente, «la vida es una playa». Hace alusión a una frase hecha muy corriente entre los turistas norteamericanos y que suena casi igual, «Life Is a Bitch», que podríamos traducir por «la vida es una putada». *(N. del T.)*

Veinte dólares: ése fue el precio máximo por el cuerpo de Luz, ya que otras muchachas de su edad y condición habían tenido esa misma idea. En Puerto Vallarta también era posible alquilar a una chavala de doce años por tres dólares la noche, pagaderos en metálico a la madre de la criatura, que se encargaba de llevarla en persona al lugar concertado. Las vírgenes con garantía de serlo eran algo más caras. Danny a la sazón le habló una vez de un gringo hinchado de vanidad que se jactaba en Las Noches de haber sido el primero en catar a una de las más jovencitas. El tipo se echó a reír cuando anunció a todos los presentes que la cría era tan pequeña que él no le cabía dentro, que la había desgarrado y que se la devolvió a su madre con la recomendación de que buscara un médico que le cortase la hemorragia.

Luz se prostituía tan sólo cuando veía un vestido nuevo en un escaparate o unas bonitas sandalias que le apetecía comprar. No es que para entonces fuera una cuestión de moralidad esencial; más bien se trataba de que todo el asunto le resultaba aburrido y en modo alguno refinado. Tampoco era gran cosa, no resultaba muy distinto de lo que hizo con David. Había que portarse bien, tomarse una copa con el cliente, y enseguida terminaba todo el asunto en uno de los hotelitos de la margen sur del río Cuale. Era una cuestión puramente práctica, nada más. Por lo común, los hombres se largaban de la habitación nada más terminar, aunque Luz se quedaba toda la noche, pues no en vano el hombre había pagado por ella, y tenía agua caliente y un poco de privacidad para ella sola. Ninguno le dijo nada acerca de llevársela al *Norte*.

Cuando tenía veinte años y trabajaba en La Placita, un martes por la noche se puso enfermo uno de los camareros. Aparte de su trabajo en la cocina, Luz ayudó a limpiar las mesas, que era una labor que por lo común no se le permitía realizar. El gringo que entró cuando estaba limpiando era moreno y tenía un poco de barriga; no era tan alto como otros —mediría quizás un metro setenta y cinco—, era guapo de cara y tenía el cabello castaño y atractivo, le llegaba hasta el cuello de la camisa. Se fijó en que tenía algunas mechas grises.

El gringo se rascó el mentón y pidió enchiladas; supuso que ella tomaría nota del pedido, aunque sólo a los hombres se les permitía trabajar de camareros. Antes de que llegara el camarero de turno, ella le dijo en un susurro que los chiles rellenos estaban mucho mejor, de modo que él decidió hacerle caso y también le preguntó si le apetecía tomar un helado más tarde. Luz dijo que sí, y dos semanas después se fue a vivir con Danny Pastor, cosa que para una muchacha de la aldea debió de ser como tocar el cielo con los dedos. Tenía una vivienda pequeña, pero contaba con agua corriente y un cuarto de baño, una cama y un armario, aparte de frigorífico y cocina con horno.

Danny sabía cómo hacer el amor de verdad, sabía mucho más que Luz, pero eso tampoco era gran cosa. Con todo y con eso, había estado casado y había leído libros sobre el asunto. Le dijo a Luz que deseaba hacerla feliz en la cama, que deseaba ser el artífice de su felicidad, y le enseñó cómo utilizar las manos y la boca sobre el cuerpo de él. La primera vez que Danny la acarició con la lengua, ella destrozó la cama de placer y aprendió a chillar a voz en cuello con una almohada encima de la boca, de modo que los vecinos no se enterasen. Si la verdad por lo común se encuentra más o menos a mitad de camino de los extremos de un abanico, en este caso diríase que las revistas y la televisión sabían más que Esmeralda Santos y el resto de las mujeres de la aldea, al menos en lo tocante a las mujeres y a los hombres, a las cosas que se hacen unos a otros cuando están juntos. Además, los mexicanos preferían que sus esposas fueran unas ignorantes completas de las artes del erotismo, temerosos, según decían, «de que a lo mejor les guste más de la cuenta». Todo aquello era provechoso para las amantes y para las mujeres de mala vida, pero no era bueno que lo supieran las esposas, ya que a lo mejor decidirían buscar fronteras más remotas.

Danny le regaló tres cintas de María Conchita Alonso, cuyas canciones de amor eran muy populares entre las jóvenes. También le regaló dos cintas de Pedro Infante para que las pusiera en su destartalado radiocasete, pues a ella aún le gustaba la vieja *música ranchera* que tanto había escuchado de niña en Celaya. Y le regaló dos cintas de salsa de un guitarrista llamado Ottmar Liebert, que en la portada recordaba a un jovencísimo Marlon Brando, y que tocaba rumbas con un toquecito de mariachi. Cuando Ottmar Liebert tocaba *La rosa negra*, Luz bailaba desnuda una rumba lujuriosa para Danny. Danny, sonriente y tendido en la cama, sin importarle derramar tequila en las sábanas, exclamaba: «¡Dios mío! ¡Que siga sonando para siempre!»

Por las noches, si Danny tenía dinero se iban al centro y escuchaban a Willie y a Lobo en Mamma Mia. María de la Luz Santos había nacido sin duda para llevar una vida así de dulce, y quería más de lo mismo, aun cuando las cosas pudieran ponerse un poco desquiciadas si uno no andaba con cuidado, como ocurrió la noche en que Danny estuvo por ahí con una rubia de San Diego. Más que nada para enseñarle lo que vale un peine, Luz se fue al yate de un norteamericano, en donde tres individuos prácticamente la ahogaron en tequila. Al día siguiente no recordaba gran cosa, con la excepción de que tenía las partes bajas bastante doloridas. Nunca más volvió a hacer nada parecido.

El aborto fue algo muy duro para ella, aun cuando en todo México fuera una práctica común entre mujeres de toda clase y condición, incluso entre las que se tenían por buenas católicas. En primer lugar había que tener en cuenta la idea de la familia que había sido inculcada a machamartillo en el alma de una muchacha, gracias a la insistencia de una madre que era incapaz de ver nada más allá. Por otra parte, el párroco de la aldea había realizado abundantes campañas contra el aborto, diciendo que era un asesinato. Sin embargo, y por encima de todo, prevalecía la sensación de que ella quería tener el niño, quería ser madre y quería a Danny por esposo, aun cuando fuera casi veinte años mayor que ella.

Sin embargo, después de aquella noche desatada en el yate anclado en puerto, Danny no quiso ni oír hablar del asunto; no quería ni pensar siquiera en la idea de tener un hijo, y a ella le dio miedo perder lo que tenía con él. Por eso Luz se sometió a la operación para abortar un caluroso día del mes de julio. Procuró olvidarlo, y al cabo de un tiempo lo olvidó casi por completo, si bien a veces aquella idea le volvía a las mientes y se incrustaba como un clavo en su alma. Incluso al cabo de uno o dos años lloraba al recordar aquella mañana de verano. Ese mismo día Danny le compró un nuevo casete, un Panasonic. También se aseguró de que tuviera una nutrida provisión de pastillas anticonceptivas y de que se las tomase.

Poco a poco ella logró reprimir todo pensamiento acerca del aborto, y así volvieron a ser las cosas tal como tenían que ser. Cuando llegaban los cheques de Danny, iban en automóvil a Bucerías y comían langosta, para dirigirse después a Punta de Mita y nadar desnudos a la luz de la luna. Y entonces, una noche sucedió algo raro en el bar de El Niño, y esa misma noche se vio dentro del Bronco al que apodaban Vito, en compañía de Danny y de otro hombre, corriendo por el camino del *Norte*, que era el sitio al que siempre había deseado ir, el sitio del que Danny ni siquiera estaba dispuesto a hablar con ella, y menos aún a llevarla.

EN UN SITIO DE ÉSOS

A última hora de la tarde, camino al norte por la Ruta 15, Danny, Luz y el tirador toparon con una larga y pronunciada cuesta en la que había mucho tráfico, y el calor envolvía el Bronco como si de hecho estuvieran atravesando un horno de cocer ladrillos. En lo alto de la cuesta, Vito se recalentó y el agua del radiador se puso a hervir. Danny salió del vehículo y repasó las provisiones de agua de que disponía, maldiciéndose por no haber llevado más.

Los tres habían bebido todo el agua que quisieron, y no quedaba suficiente para refrigerar el radiador de Vito y seguir camino.

Un Buick con matrícula de Iowa que transitaba con rumbo sur se detuvo al verlos. Por la ventanilla del copiloto asomaba un perro castaño con manchas blancas en la cara; iba jadeando con la lengua fuera. Un caballero de cierta edad, tocado con una gorra de los «Tigres de la Universidad de San Luis», asomó la cabeza por la ventanilla y les preguntó si podía ayudarles. Danny le dijo que no le vendría nada mal algo de agua, siempre y cuando a él le sobrase.

—Pues claro. Llevo agua en el maletero.

El hombre abrió el maletero, el perro salió tras él.

Mientras Danny quitaba el tapón del radiador, el tirador se acuclilló y acarició al chucho.

—¿Cómo se llama? —preguntó al anciano caballero.

—Bandida. Ya sé que no parece gran cosa, pero tiene un corazón inmenso. —El hombre tenía un corte bastante feo en la cara.

—Bandida... Es un buen nombre, desde luego.

—Sí. La encontré en Nueva Orleans. Estaba hecha una pena, vivía de los desperdicios que encontraba a la orilla del mar. —Miró a la bella mexicana que estaba sentada en la parte posterior del viejo Bronco.

—Gracias —dijo Danny—. Creo que ahora podemos seguir camino.

—No hay de qué. —El caballero sonrió con amabilidad—. Creo que yo también seguiré mi camino. Hace poco que me he jubilado, y Bandida y yo vamos a visitar todos los pueblecitos de la costa. Tengo una amiga, una bibliotecaria de Otter Falls, en Iowa, con la que me reuniré en Puerto Vallarta dentro de unos cuantos días. Si alguna vez necesitan una buena lectura sobre los viajes, les recomiendo esto. —Por la ventanilla les mostró los *Ensayos reunidos sobre la vida en la carretera,* obra de un tal Michael Tillman.

El tirador sonrió, Danny sonrió y el Buick siguió su ruta hacia el sur, hacia los pueblecitos de la costa y hacia todo aquello que pudiera encontrar en el vientre de México.

El calor era implacable. El sol fundía los parches de alquitrán que cubrían los baches de la carretera, incidía en la tierra y se reflejaba en una extensión de agua que se hallaba a la izquierda, una especie de estuario o de lago. Pocos kilómetros más adelante, Danny tuvo que hacer un alto para orinar, y cruzó la carretera para aparcar en una explanada de gravilla, donde dejó a Vito en un altozano desde el que se dominaba el agua allá abajo.

Danny se internó entre los arbustos; cuando regresó,

el tirador estaba de pie al borde del altozano. Luz estaba sentada en el suelo, apoyada contra el parachoques delantero del Bronco, con su gorra de larga visera sobre los ojos.

El tirador señaló a lo lejos, al agua, llevándose la otra mano a la cara para comprobar si había dejado de sangrarle el corte de la mejilla.

—Están desplegando las redes —dijo.

En los dos o tres kilómetros de embocadura que tendría el estuario faenaba media docena de botes pesqueros adentrándose en el Pacífico hasta donde la vista alcanzaba. Uno de los botes, pintado de un turquesa desvaído, distaba menos de cien metros del pie del acantilado. A proa, un hombre largaba la red mientras su compadre guiaba la caña del pequeño motor fuera borda. El agua adherida a la red centelleó a la luz del sol cuando la malla se desplegó como un abanico.

—No estaría nada mal ganarse la vida pescando —dijo el tirador. No añadió nada más, pero siguió mirando al pescador que arrojaba la red y la recogía de acuerdo con los antiquísimos ritmos de los pescadores del mundo entero.

La gravilla crujió a sus espaldas como cruje al ser aplastada por unos neumáticos de gran tamaño. El todoterreno era un Chevy Suburban rojo, y Danny estuvo a punto de desmayarse. Los *federales* utilizaban ese tipo de vehículos tras confiscárselos a los narcotraficantes. Fue lo primero que se le ocurrió, y no estaba equivocado. Salieron tres. Dos llevaban sendos Colt 45 en las cartucheras colgadas del sobaco por encima de la camisa; el tercero llevaba un arma automática en bandolera. Danny no entendía gran cosa de armas; el tirador dijo más tarde que se trataba de un Uzi, una ametralladora tan ligera como devastadora, de fabricación israelí.

Los *federales* tenían un aire mezquino y arrogante cuando se dirigieron ostentosamente hacia ellos; iban tocados con sombreros Stetson y gastaban botas camperas de las más caras, con una fina capa de polvo sobre el empeine y la puntera relucientes. El que llevaba el Uzi apareció con medio cigarrillo colgado de la comisura de los labios. El grandullón de la izquierda, un hombre muy grueso, iba subiéndose los pantalones.

Danny intentaba pensar en algo cuanto antes, alguna excusa, alguna explicación:

«Íbamos de viaje, admirando los paisajes de un país tan hermoso como el suyo.»

O: «Es que a mi amigo le robaron la documentación en San Blas, pero pensábamos detenernos en Mazatlán para resolverlo y conseguir papeles nuevos.»

O: «La mujer es nuestra guía turística.»

Todo le salía de lo más débil, patético. Con el pánico retorciéndole las tripas, Danny recordó cuánta razón tenía su ex mujer cuando le dijo aquello de mezclar la bebida con la toma de decisiones. Sin embargo, no llegó a saber cuantísima razón tenía hasta mucho después, aunque lo intuyera en un momento así.

El tirador, que aún llevaba su gorra y sus gafas de sol puestas, encendió un cigarrillo y vio venir a los *federales*. Danny estaba pensando en que la mochila del tirador se había quedado en el Bronco, y se alegró de que no la tuviera a su alcance. Iba a hacer falta una explicación larga y tendida, y bastante trabajo de interpretación, para tener la seguridad de que el lenguaje no les jugase una mala pasada. Danny miró a Luz y ella se desplazó para situarse a su lado.

Los *federales* se detuvieron a unos seis metros. Los tres miraban intensamente al tirador, como si de hecho supieran algo. Tal vez les interesara el corte que se había hecho en la cara. Una minúscula gota de sudor le colgaba de la punta de la nariz, aunque jugaba con su mechero de plata lanzándolo y cogiéndolo al vuelo con la mano izquierda. Ese grado de displicencia a Danny le extrañó bastante. El mero acto de lanzar el mechero y cogerlo al vuelo le restaría el punto de concentración que debía alcanzar. Después, Danny recordaría qué perezoso le pareció el tirador en ese momento, un simple holgazán, como si estuviera matando el rato, esperando un autobús o una mujer que aún debía terminar de arreglarse para salir con él. Clayton Price entraba en su burbuja.

Danny oyó en su interior un ruido que no supo identificar, como si algo arañase una puerta con la esperanza de que lo dejasen entrar.

Uno de los *federales*, un hombre alto y apuesto, de bigote fino, dijo: «Papeles», y acto seguido extendió la mano con la palma hacia arriba. Se parecía a Gilbert Roland, el actor de cine clásico.

Danny entendía ese poco de español, así que se volvió a Luz.

—Diles que tú eres ciudadana de México, que mis papeles están en el Bronco y que al señor Schumann le robaron los suyos en San Blas, pero que vamos de camino a Mazatlán para resolver el asunto.

Habían titubeado, y los *federales* se dieron cuenta. El que los había interpelado se llevó la mano derecha al sobaco izquierdo y desabrochó la cartuchera. Su 45, automática, tenía las cachas de nácar con pequeños diamantes incrustados, quizá de imitación. En los diamantes se reflejaba el sol, de modo que el arma despedía destellos cada vez que el hombre movía mínimamente el cuerpo. Dios, qué topicazo: una pistola con cachas de nácar y diamantes incrustados, parecía sacado de una penosa película de serie C. Danny estaba a la deriva; todo aquello había dejado de ser un asunto que al principio parecía un melodrama controlable y empezaba a ser algo incomensurablemente real y desagradable. Pensó en las cárceles mexicanas y en todo lo que había oído contar al respecto, burradas tremendas, la perdición en la tierra, cosas aún peores.

Luz dijo lo que Danny le indicó que dijera y lo dijo con voz suavísima, como mejor supo. Los *federales* no se dejaron convencer ni por asomo. El gordo miró al que les había pedido los papeles, y meneó la cabeza lentamente, de adelante a atrás. Aquello no iba a tener remedio, Danny se dio perfecta cuenta, y ya casi le llegó a las narices la hediondez de los orines y de la comida medio podrida de la cárcel de Ciudad de México o del presidio de piedra gris que se alzaba al sur de Mazatlán.

El tirador seguía lanzando el mechero y cogiéndolo al vuelo, relajado y a todas luces impertérrito, como si la cosa no fuera con él. Miró fijamente a los *federales* mientras hablaba con Danny.

—¿No bastaría con algún dinero?

Luz miró a Danny y al tirador, y después miró a los *federales*. Estaba aterrorizada y se le notaba en los ojos.

—No lo creo, pero lo puedo intentar.

Danny indicó a Luz que les preguntase si no existía alguna manera razonable de zanjar el asunto allí mismo, en la carretera. Quizá podrían invitarles a una cerveza bien fresquita para resarcirles de sus molestias. En infinidad de situaciones, esa propuesta habría funcionado. Ese día no fue así. Danny se fijó en la amenazadora expresión que habían adoptado los tres mientras Luz expresaba el ofrecimiento. Estaban buscando a alguien, eso saltaba a la vista, y uno de los gringos que tenían allí delante carecía de documentación. Era una razón más que suficiente para llevárselos a los tres. Aun cuando los *federales* operasen las más de las veces como una ley dentro de la ley, se verían metidos en un grave aprieto si dejaran escapar a un personaje importante, como sin duda lo era el pistolero, máxime si hicieran la vista gorda a cambio de una caja de cerveza. No pensaban arriesgarse.

—Dice que no —tradujo Luz—, que hemos de ir con ellos. Y dice que todo intento de sobornar a un funcionario del Estado sólo valdrá para empeorar nuestra situación.

Le temblaba la voz, pero Danny no se lo reprochó. Para él, la cárcel sería insufrible: qué decir de lo que supondría para una jugosa *señorita* de costumbres obviamente poco escrupulosas, a tenor del hecho de que viajara sola con dos gringos. Una mosca subió por la manga de la blusa blanca de Luz y se detuvo en el hombro. La joven tenía unos finos mechones de cabello negro pegados al cuello por efecto del sudor, mientras otros le flotaban mecidos por la brisa que soplaba del estuario. Ni siquiera se movió.

Calló por un momento el ruido del tráfico en la carretera... Silencio... Se oyó el motor de uno de los botes pesqueros a lo lejos, en el estuario, y el piar de los pájaros en los árboles del otro lado de la carretera.

Danny no tenía ni idea de qué debía hacer a continuación. Estaba absolutamente petrificado, anclado en una dimensión repulsiva, como si una fuerza extraña clavara todo su ser en el suelo y lo envolviera en un sudario de curiosa languidez. Tuvo la impresión de que todo su organismo se cerraba y adquiría una enorme indiferencia, preparándose para la rendición.

Gilbert Roland hizo una seña con el pulgar por encima del hombro.

—Por aquí. Dejen ahí el vehículo, ya vendrá alguien a recogerlo.

Danny entendió lo que decía, pero Luz tradujo sus palabras como si hablase desde un lugar muy lejano, como una muchachita asustada que se hubiera caído en un pozo abandonado.

El tirador lanzó el mechero a lo alto una vez más, lo dejó caer al suelo y se agachó a recogerlo. Una vez agachado, decidió atarse una de sus botas de monte y se subió levemente la pernera del pantalón.

El *federal* más fornido echó a caminar hacia el todoterreno; el que los había interpelado les gritó un «¡He dicho ahora!» a modo de orden concluyente. Se le había agotado la paciencia y no parecía dispuesto a reponer su reserva. El hombre que llevaba el Uzi lo empuñó y lo sustuvo tranquilamente con ambas manos sin dejar de mirar a Danny y a Luz, ajeno por completo a lo que hiciera el hombre que se estaba atando los cordones.

Al que alcanzó primero fue al del Uzi. Le dio de lleno en la cara. Le manó la sangre a borbotones de un agujero situado cuatro dedos a la izquierda de la nariz.

—¡Agachaos! —gritó el tirador a la vez que echaba a correr medio agazapado. El del Colt 45 echó mano del nácar y los diamantes, pero no pudo utilizarlo: recibió dos disparos en el pecho sobre el que había cruzado el brazo y cayó de espaldas. Quedó tendido... no muerto, ya que agitaba las manos en el polvo como si fueran remos.

Oh, no... Señor, no, no...

Danny a medias lo pensó y a medias lo dijo sin dejar de avanzar a gatas, reptando o rodando por el suelo hacia el Bronco, arrastrando a Luz consigo. Ella emitía ruiditos más o menos equivalentes a los que hacía Danny. Iba medio colgada de él, y él se apoyaba en ella.

El gordo que se había metido detrás del Suburban... ¿dónde estaba? Salió en un visto y no visto, con una escopeta de dos cañones lista para disparar. Salió deprisa, pero en el fondo fue lento, demasiado lento. No acertó a ver la diana que buscaba. El tirador ya estaba apostado al otro lado del Suburban. Un solo disparo desde la parte posterior del todoterreno. El de la escopeta se desmoronó, le manaba un chorro carmesí de detrás de la oreja. Se acabó, se acabó así de rápido. Los *federales* no llegaron a hacer un solo disparo.

El tirador respiraba trabajosamente, pero no dejó de moverse. Danny estaba pasmado por su fuerza y su eficacia, sobre todo teniendo en cuenta que no era un joven. Aquél volvió enseguida adonde estaba moviéndose el que parecía el jefe de los federales, quien, con una mano en el pecho, intentaba con la otra desenfundar el arma de su sobaquera. El tirador se plantó delante de él, apuntó la pistola contra la frente del individuo y pareció vacilar un instante antes de accionar el gatillo. El cuerpo del *federal* dio una sacudida y quedó inmóvil.

—Pastor —gritó el tirador—. Sal de debajo del Bronco y ven acá. Ayúdame a meter a estos soplapollas en el Suburban.

Danny salió a gatas y llegó dando tumbos al lado del tirador, que se hallaba junto al doble de Gilbert Roland. Éste tenía un negro agujero en la frente. Cargaron los tres cadáveres en la trasera del Chevrolet y cerraron las portezuelas cuando ya se oía el motor de un camión diesel que subía por la cuesta y trazaba la curva rumbo al norte. El tirador se guardó la pistola en el cinto, debajo de la camisa, y con el pie cubrió de polvo las manchas de sangre que había en el suelo. Terminó y se apoyó contra el Suburban en el momento en que el camión aparecía a la vista. El conductor saludó con un gesto a los turistas, el tirador le devolvió el saludo y sonrió con esa ancha sonrisa que adoptan los turistas norteamericanos en cualquier parte del mundo, a la vez que observaba el camión desaparecer por la carretera.

Dejó de sonreír y miró a Danny.

—¿Dónde queda la gasolinera de Pemex más cercana? Rápido, piensa.

Danny tenía dificultades para pensar con claridad; sólo se le ocurrían al azar imágenes caóticas acerca de lo que acababa de suceder, acerca de dónde podría llevarles todo aquello.

—Si mal no recuerdo —dijo por fin—, hay una más adelante, al sur de Mazatlán, cerca del desvío hacia Durango.

El tirador asintió.

—Tú conduce el Suburban. Luz y yo iremos en el

Bronco. Cuando lleguemos a la gasolinera, aparca en la parte de atrás, como si dejaras el auto para que lo atiendan. Luego vienes muy despacio hasta el Bronco y entras por la portezuela del conductor.

De repente, de buenas a primeras, iban por la carretera de Mazatlán; el tirador trituraba las marchas del Bronco, la gorra de Luz se había quedado tirada en la cuneta, allí donde la arrastró Danny, casi debajo del Bronco. El tirador, con una mano en el volante, metió la otra en la mochila y sacó una carga de municiones que introdujo de un golpe seco en su pequeña automática, una Beretta. Se metió la pistola en la cartuchera de la pierna y, mientras conducía, recargó el cargador que había vaciado contra los *federales* sin dejar de observar la parte posterior del Chevrolet que lo precedía.

Si antes todo había sido extraño, en ese momento empezó a parecer una quimera, al menos a ojos de Danny. La caravana compuesta por dos vehículos avanzaba hacia Mazatlán; Danny miraba por los retrovisores y veía el Bronco a unos trescientos o cuatrocientos metros, a la vez que percibía el olor a sudor de los muertos que llevaba detrás. Los muertos no sudan —le pareció el título de una mala novela que hubiera leído años antes—, pero sudan antes de estar muertos, y diez minutos antes no lo estaban. Ahora ya todo se trataba de una cuestión de supervivencia. Todas aquellas bobadas acerca de escribir una historia a propósito de un pistolero le parecieron muy lejanas y, en esa distancia, incluso ingenuas. Un duro reportero, un periodista curtido... Joder, qué chiste tan malo. Por comparación con el hombre que lo seguía al volante de Vito, los mierdas callejeros de Chicago aún iban en autobús de Dubuque a Peoria, como si jugasen en cuarta regional.

Al sur de Mazatlán Danny entró despacio en una enorme gasolinera e hizo lo que le había indicado el tirador. Ya mediaba la tarde, era hora punta en la Pemex y había largas colas de vehículos a la espera de repostar; los empleados se apresuraban de un surtidor a otro. Tras aparcar el Suburban, fingió caminar con total despreocupación hacia el Bronco y se sentó al volante.

El tirador levantó la mirada del mapa.

—Toma la carretera de Durango que acabamos de pasar y pon rumbo al este, a las montañas. Luz, tú no dejes de mirar atrás, y avísame de cualquier cosa que te llame la atención, lo que sea. —Se volvió hacia ella para cerciorarse de que le había entendido. Ella asintió con mansedumbre, titubeante, insegura, si bien se dio la vuelta para fijar la mirada en la carretera que fueran dejando atrás.

El tirador estaba muy lejos de casa y metido en un grave aprieto. Danny tuvo la impresión de que Peter Schumann, o quienquiera que fuese, ya había estado antes en un sitio de ésos, muy lejos de casa y metido en un grave aprieto. Lo malo era que Luz y él también estaban allí, en un sitio en el que nunca jamás habían estado, al menos de esa manera. Danny intentó poner en orden sus pensamientos, pero no pudo. Al contrario, se concentró en la carretera y escuchó el susurro de los neumáticos en constante roce con el asfalto, sin dejar de repetir para sus adentros «No... no... no...»: se lo dijo en silencio una y mil veces, hasta que su monosílabo adquirió el ronroneo lento y persistente de un mantra.

FELIPE

Nada en los campos, nada en los controles de carretera de los alrededores de Puerto Vallarta, nada en ninguna otra parte. Nada en la agencias de alquiler de automóviles, nada en los aeropuertos ni en las estaciones de autobús. Walter McGrane suspiró y supuso que se trataba de patear las calles, de ponerse a trabajar a la antigua, como un detective. Junto con el jefe de la policía de Puerto Vallarta, planeó minuciosamente la búsqueda y decidió empezar por los bares y los restaurantes.

Al verse frente a frente con la hostilidad de la policía y con un gringo joven y malencarado que llevaba una cazadora y que hablaba en un español más que decente, el propietario de El Rondo cantó lo que sabía. Felipe miró la foto de Clayton Price y asintió. Sí, ese gringo alto de pelo gris había tomado un par de copas en su local dos noches antes. Sí, se había largado con otro gringo y con una mexicana; a los dos creía haberlos visto antes, pero no sabía cómo se llamaban. Describió al gringo que estaba con la mujer y empezó a contar cómo sorbía ella el helado, pero a sus interrogadores no les interesaron las costumbres alimentarias de la mujer, así que Felipe se limitó a decir que era muy guapa y que sabía hablar inglés.

ALGO HAY EN LA REPISA DE LA CHIMENEA

Danny había virado por el cruce de Durango y conducía con rumbo este a última hora de la tarde. El tirador iba con la mirada al frente, fumando Marlboros sin cesar, uno tras otro, con la camisa color hueso oscurecida y empapada de sudor. Luz y Danny estaban hechos una pena, sudorosos y cubiertos de un polvillo rojizo que se les pegaba a la ropa, a la piel y al pelo. Luz se había despellejado el codo cuando intentó ponerse a salvo en el momento en que el tirador se desembarazaba de los tres *federales*, e iba vertiendo un poco de agua sobre la abrasión y secándose la sangre con un trapo. El tirador la miró de reojo; al ver lo que estaba haciendo, le pasó su tubo de ungüento.

Danny iba pensando, midiendo las decisiones de nuevo por el único rasero por el que era posible cotejar el abanico de opciones: la cuestión de la supervivencia. Era la vieja elección: quedarse o marcharse, abandonar o meterse hasta el fondo. Luz y él aún podían intentar escapar, o hacer saber a la policía, de alguna manera, lo que estaba ocurriendo, y quizás alegar incluso que habían sido secuestrados. No obstante, si los policías repasaran a fondo lo ocurrido y llegaran a Las Brisas, muchas personas podrían testificar que allí en ningún momento habían dado muestras de estar cautivos. Cualquiera recordaría las habitaciones separadas, o cómo nadaba el tirador en la piscina mientras Luz y él permanecían sentados allí cerca; cualquiera sacaría a relucir la charla que tuvieron al tomar unas copas en paz y tranquilidad antes de la cena. La otra opción que le quedaba era ayudar al tirador a salir de México, confiar en que todo saliera bien y fingir que Luz y él no habían tenido nada que ver en todo aquello, y que sólo hicieron un breve viaje al norte para poner flores en las tumbas de sus padres.

¿Qué era lo que se sabía hasta el momento? Danny repasó la suma. En Puerto Vallarta, un hombre había muerto con seguridad y otro estaba malherido o posiblemente muerto. Tampoco es que fuera algo demasiado insólito, ya que los chalados de los gringos hacían cosas semejantes casi a todas horas. Tres *federales* desaparecidos; los pescadores del estuario tal vez hubieran oído los disparos e incluso podían haber sido testigos de parte de lo ocurrido en lo alto del acantilado. De ser así, era probable que se desentendieran del asunto y que no dijeran nada a nadie, a sabiendas de que podían meterse en un buen aprieto sólo por haberse comportado como buenos ciudadanos. Sin embargo, sí hablarían del caso entre ellos, y con el tiempo llegaría la noticia a los responsables de la ley. Pero, a pesar de lo ocurrido hasta la fecha, lo cierto era que nadie los tenía localizados a ellos tres... al menos de momento. Era cuestión de volver a examinar las opciones, cuestión de pensar en la supervivencia. ¿En qué punto se encontraban Luz y él?

El tirador tomó el asunto a su cargo y cerró el abanico de las opciones.

—Esto es lo que hay, *compadre.* Tú me llevas a la frontera o en todo caso me alejas de otras complicaciones, y yo mantengo la boca cerrada exactamente igual que tú, ahora y para siempre jamás, pase lo que pase. Ni hablar de esta aventurita, nada de nada. Ni palabra. Te lo digo a ti, Danny el escritor de medio pelo, por si acaso estabas pensando en contar la película. Los derechos de la Primera Enmienda a la Constitución tienen sus limitaciones, y aquí el límite lo pongo yo, tanto ahora como por los siglos de los siglos.

»Y deja que te diga una cosa más: se acabó la vieja película, no pienso pasarme las noches en vela vigilándoos a los dos. ¿Sabes de qué película te hablo, aquélla en la que el malo al final se queda dormido y todo el mundo se le echa al cuello? Quiero que te quede bien claro que esto no es un juego. Pienso dormir cuando necesite dormir. Y tú harás lo que tengas que hacer. Por otra parte, si estás pensando en intentar alguna treta más vale que te salga bien a la primera, porque no tendrás una segunda oportunidad. Ya has visto lo que ha pasado en el acantilado. Quiero librarme de todo esto y, aparte de salir de México, todo lo demás me importa un comino. ¿Lo has entendido bien?

Danny lo miró un momento.

—Sí, lo he entendido. —Y se acordó de los listillos con los que había tratado allá en Chicago. Eran chicos duros de la ciudad, y hablaban como tales, vestían con ropas llamativas, se comportaban así. Eran una panda con nombres como Vito, Sal o Vinnie. El tirador era muy distinto. Parecía un tipo normal y corriente las más de las veces, tranquilo y tirando a simpático, puede que un poco solitario y pensativo. Sin embargo, sabía transformarse en un santiamén, convertirse en otra cosa muy distinta, en una especie de sombra fugitiva y feroz, resbaladiza e implacable. Era como si uno atravesara una habitación a oscuras, a tientas, sin ver la víbora nariguda enroscada sobre la repisa de la chimenea, exactamente a la altura de la yugular de su presa, atenta y a la espera de que su cuello estuviera a su alcance. El hombre que tan solitario había parecido, que tan tranquilo se ataba los cordones de las botas en un momento dado, en tan sólo veinte segundos había segado la vida de otros tres hombres que se metieron inadvertidos en un cuarto a oscuras, junto a una carretera bañada por el sol.

—Estupendo, me alegro de que lo entiendas. Ahora quiero que lo recuerdes —dijo con toda calma—. Bien, ¿qué nos espera por el camino? Según el mapa, hay una ciudad que se llama Concordia.

Danny titubeó un instante.

El tirador miraba por el parabrisas y tomó la palabra sin volverse hacia Danny.

—Sólo te lo diré una vez: deja de pensar lo que estés pensando. Si yo salgo de ésta, vosotros dos salís de ésta. Es así de sencillo, ¿no te parece? Ahora explícame qué me espera por el camino.

—Al este de Concordia hay un puesto de inspección agraria en donde registran los camiones en busca de productos en malas condiciones. Lo recuerdo por una razón: la última vez que pasé por ahí había unos cuantos hombres en el puesto, uno de ellos sentado en una silla a la puerta del quiosco, recostado en el asiento y con una especie de escopeta sobre el regazo. Recuerdo la silla, una silla de oficina, y el arma, sobre todo el arma. Me pareció que la potencia de aquella escopeta estaba bastante por encima de lo requerido en un puesto de inspección agraria. Por lo común, a los gringos nos hacen pasar con un ademán, pero lo cierto es que a mí me pararon en seco y me registraron la Volkswagen.

—Y eso, ¿cuándo fue?

—Hace unos tres años, o poco más. Creo que la razón por la cual me registraron fue la vieja furgoneta Volkswagen. Ya se sabe que suelen relacionar ese modelo con los jipis y los drogatas.

—Hace mucho, pues. Las cosas cambian, claro. ¿No recuerdas nada más sobre el tipo de arma que tenía ese menda?

—Sinceramente, no lo sé. Tenía uno de esos cargadores curvos. Creo que era una especie de rifle de asalto.

—Seguramente un AK-47. Quién sabe qué tendrán ahora... Lo cierto es que si estaban armados entonces, estarán armados ahora. Y después, ¿qué?

—Las montañas. Pequeñas aldeas por todo el camino. Hasta Durango, poca cosa.

—¿A cuánto está Durango?

—Unos doscientos treinta kilómetros. Pero se hace lento y trabajoso, ya lo dije antes.

Su asentimiento fue casi imperceptible.

—Tenemos que asearnos antes de pasar por ese puesto de inspección. Tal como vamos, es como si pidiéramos a gritos que nos registren. En el siguiente arroyo que veas, sal de la carretera y avanza por el cauce hasta que no quedemos a la vista de los que circulen por aquí.

Danny vio la aguja de una iglesia a su izquierda, a menos de diez kilómetros. Debía de ser Concordia. La aguja de la torre se alzaba en la tenue luz del atardecer, una luz suave que refulgía sobre los paredones de Sierra Madre, a unos sesenta kilómetros de distancia.

El tirador tenía un sexto sentido para percibir las cosas, y al cabo de un kilómetro apareció un arroyo de muy poca profundidad que atravesaba la carretera. Danny hizo lo que se le había indicado: comprobó que ningún vehículo se acercaba en ninguno de los dos sentidos y salió de la carretera para remontar el curso del arroyo. Tenía muy escasa profundidad y un lecho rocoso, de modo que no se tomó la molestia de poner tracción a las cuatro ruedas. A menos de un kilómetro, el arroyo trazaba una curva. Danny siguió el cauce y se detuvo en un punto desde el cual ya no se veía la carretera. Allí, el arroyo quedaba en sombra y unas vacas escuálidas pastaban en un prado cercano. En un árbol estaban posados unos cuantos zopilotes, un símbolo de lo más obvio y elocuente en el que Danny no quiso pensar en ese momento ni tampoco más adelante.

Cuando el tirador bajó del Bronco, miró a Luz y a Danny y sonrió un poco.

—En un terreno reseco, el camino que toman los pajarillos al volar, sobre todo al caer la tarde, suele llevar allí donde hay agua... Es una vieja regla de supervivencia.

El tirador sacó su camisa vaquera de la mochila y sus pantalones caqui, exactamente las prendas que llevaba en El Niño cuando Danny lo vio por vez primera. Se dirigió hacia el agua, pero hizo un alto y miró de nuevo a Luz y a Danny, que seguían sentados en el Bronco, perplejos e inmóviles.

—Asearos los dos. Tenemos que estar presentables cuando lleguemos a ese puesto de inspección.

El tirador se quitó las botas, la camisa y los pantalones, se desabrochó la cartuchera de la pierna y la dejó sobre sus ropas, junto a la navaja envainada. Se quedó de pie, tan sólo con un calzón azul claro, muy pálido de piel salvo los brazos y la cara, que mostraban un bronceado de camionero. Y Danny volvió a fijarse en las grandes y feas cicatrices que tenía en la espalda, en el pecho y en los muslos.

Danny sacó su talego de lona y ayudó a Luz a salir del Bronco con su bolso en bandolera, que más bien parecía un zurrón. Estaba hecha una pena, con churretones de polvo en la cara, el pelo sucio y la ropa manchada.

El tirador se inclinó y comenzó a salpicarse la cara y el pecho, los brazos y las piernas. Danny se internó en el arroyo unos cuantos metros más arriba; se apoyó con cuidado sobre las piedras puntiagudas e hizo lo que el tirador.

Luz bajó un trecho por el arroyo y se quitó la ropa. No es que fuera especialmente recatada, dejó de serlo desde que alcanzó un punto determinado de su libertad, pero tampoco pecaba de todo lo contrario. Se quedó en ropa interior, se recogió el cabello y comenzó a lavarse con parsimonia. Al cabo de un rato, se volvió de espaldas a los hombres y se quitó las bragas y el sujetador. En una pequeña poza que formaba el arroyo sobre un fondo de arena, tan sólo de un palmo de profundidad, se tendió y se apoyó sobre los codos, de modo que un tercio de los pechos sobresalía del agua. El arroyo corría en torno a sus pechos, sobre su vientre y sus piernas.

Allí permaneció tal vez treinta segundos antes de sentarse; el tirador la miraba después de haber terminado de lavarse. De un modo u otro ella debió de darse cuenta, y a medias se volvió hacia los hombres, dejando a la vista uno de sus senos. A Danny le sorprendió verla sonreír, una mínima y enigmática sonrisa, a pesar de todo cálida, lo cual le resultó tanto más curioso a tenor de las circunstancias. De nuevo se dio la vuelta y permaneció sentada, lavando la ropa sucia que se había quitado.

Danny se paró a pensar en la cantidad de incongruencias que destilaba aquella situación: el arma, la matanza, la víbora nariguda en el agua, a su lado, y la suavidad de la mujer morena que se lavaba y lavaba su ropa a la sombra, en un arroyo, un cálido atardecer en México.

—Vamos a dejar ese juego del disimulo, Danny —dijo el tirador mientras se vestía—. Tú me viste dar el golpe en Puerto Vallarta, ¿o no?

Danny balbuceó algo antes de atreverse por fin a decir que sí.

—Ya me lo parecía. Cuando salí del local me fijé en que me estabas mirando. No fue ninguna casualidad que más tarde llegara al bar donde estabas bebiendo tequila. Después de marcharme de El Niño me escondí en un zaguán en la calle Aldama. Quería salir de allí cuanto antes, pero tampoco quería asumir el riesgo de que tú te quedaras allí atrás, ahíto de tequila y dispuesto a hablar por los codos cuando llegaran los policías. Fue una decisión difícil: esperarte o largarme cuanto antes. Me concedí tres minutos; al cabo de ese lapso me habría largado. Cuando salisteis Luz y tú del bar, decidí seguiros.

A Danny un escalofrío le recorrió la espina dorsal, un escalofrío que rebotó en algún punto situado por encima de él y que volvió por el mismo camino.

—¿Quieres decir que ibas a por mí?

—Sí. Estaba esperando a sorprenderte en la calle más adecuada, en un rincón tranquilo y oscuro.

—¿Pensabas matarnos a los dos?

—No me quedaba más remedio.

—Entonces, ¿por qué no lo hiciste?

—Bueno, es que a veces este negocio ya no se me da muy bien. A pesar de lo que puedas pensar, ya no soy un tipo tan duro como en otros tiempos. Por la razón que sea, me he ido desgastando a medida que envejezco. Hace diez años, los dos habríais terminado tirados en los adoquines de Puerto Vallarta. —Hablaba con desapego, con llaneza y frialdad, como si tan sólo quisiera mencionar hechos contrastados, y no jactarse de nada—. Francamente, vi a Luz sentada... en aquel bar, como se llame, con su vestido color lavanda, su juventud y su belleza, comiéndose un helado, y me di cuenta de que no iba a ser capaz de hacerlo. Tú no me importabas nada, y sigues sin importarme nada, por si acaso te lo preguntas.

Danny no se lo preguntaba, pues no tenía la menor duda de cuál era el sitio que él ocupaba en el cuadro.

—Entonces se me ocurrió la idea de que tú me llevaras hasta la frontera. El barco que en principio tenía que haberme recogido se retrasó, la típica complicación de última hora, de modo que tenía que buscarme la vida para salir de Puerto Vallarta, fuera como fuese y cuanto antes mejor. Si lograba que tú me llevases, podría tenerte vigilado durante unos cuantos días mientras los policías corrían a tontas y a locas por todas partes, y al mismo tiempo podría descubrir lo que tú hubieras visto en El Niño. Una vez hecho esto, habría pasado la frontera y estaría muy lejos de aquí. Si fuera necesario, pensaba acabar contigo y aterrorizar a Luz, pues supuse que ella nunca llegaría a decir nada.

—¿Todavía consideras posible esta línea de acción?

—De ti depende, gringo.

—Si hubiera dicho que no te llevaría a la frontera, ¿qué habría pasado?

La seca sonrisa que Danny había visto en sus labios afloró de nuevo. El tirador no dijo nada. No hacía falta que dijera nada.

Cuando faltaban dos horas para que se pusiera el sol salieron del arroyo y volvieron a la carretera. Luz se había puesto unos vaqueros limpios y una blusa roja. Danny llevaba vaqueros y una camiseta gris. El tirador se había puesto su chaleco de fotógrafo por encima de la camisa vaquera.

Danny tomó la carretera de circunvalación de Concordia con lentitud, pues no deseaba llamar la atención de nadie por exceso de velocidad. La polvareda del día se iba posando, los niños jugaban al fresco, los hombres permanecían sentados delante de los restaurantes de carretera, y las mujeres reían y cocinaban un pollo sobre fuego de leña; el humo ascendía hasta esparcirse mecido por la brisa del atardecer. Pasaron por delante de puestecillos en donde se vendían muebles hechos a mano; los propios artesanos vendían sus creaciones en tenderetes al aire libre cuando no trabajaban bajo una lona sujeta por cuatro palitroques.

Luz iba arrodillada, sujetándose con ambas manos a los asientos de delante. Cuando pasaron por delante de los tenderetes, habló con voz queda.

—El sueño de todas las mujeres de las aldeas es tener una de esas espléndidas camas en la que poder tumbarse a concebir y a parir.

A Danny, tanto sus palabras como su forma de decirlas le parecieron de lo más curioso en aquel momento. Fue una especie de lamento de campesina cargado de alusiones, como si estuviera pensando en todas las demás rutas que podría haber tomado en su vida, como si sintiera añoranza por la estructura social y las tradiciones que había abandonado cuando abandonó su aldea. Danny siempre había tenido muy claro que Luz en parte seguía siendo una campesina, una muchacha del campo, una buena católica. Era algo que de vez en cuando afloraba a la superficie de su ser, y en esas ocasiones su manera de hablar era casi nostálgica.

El tirador se volvió y la miró con el rostro a pocos centímetros del suyo, y de esa forma la estuvo mirando un buen rato. Al final asintió como si comprendiera muy bien lo que subyacía bajo sus palabras, y sonrió de una forma que en él resultó increíblemente genuina y sumamente cálida. Luz le devolvió la sonrisa.

—El puesto de inspección está ahí delante —dijo Danny.

El tirador dejó de mirar a Luz y estudió la carretera, a la vez que echaba mano a la mochila y se guardaba un cargador extra para la Beretta en el bolsillo superior izquierdo del chaleco.

—Acércate con mucha calma, como si no pasara nada. Sonríe y da las buenas tardes, pero sigue la marcha como si dieras por hecho que tan sólo te van a saludar a tu paso. —Miró un instante a Luz—. Si nos paran y las cosas se ponen feas, quédate agachada.

Danny deseó que viajaran en un vehículo un poco más elegante que el Bronco. Los mexicanos juzgaban las cosas por su apariencia, sobre todo a las personas y a los vehículos que condujeran las personas. Y ellos iban en un cacharro de lo más sospechoso.

A cincuenta metros del puesto de inspección Danny redujo la velocidad del Bronco. Apoyados contra los postes de un techado bajo el cual pasaban los vehículos había dos hombres uniformados. Un tercero hacía algo tras el cristal del quiosco. El cuarto y el quinto iban armados. Uno llevaba un revólver en una cartuchera sujeta a la cintura; el otro llevaba un rifle similar al que recordaba Danny de su anterior visita. Era un arma bastante amenazadora, con una culata metálica y triangular y un cargador curvado que salía de la parte inferior del arma.

El tirador hablaba prácticamente sin mover los labios, flexionando al mismo tiempo los dedos de la mano derecha.

—El arma es un Galil calibre 308 con capacidad para veinticinco proyectiles, seguramente retocado para que sea totalmente automático... un pequeño hijo de puta. Ojalá lo tuviera yo y no él. Seguro que no lo ha limpiado en un par de años.

Por un instante, Danny pensó que todo el trámite se iba a reducir a un saludo. Cuando estaba a punto de acelerar, el hombre que llevaba la pistola le dio el alto con un gesto y le indicó que parase. El tirador adoptó su actitud de combate: se le notaba, casi se oía su descarga de adrenalina.

Soltó lentamente una larga bocanada de aire.

—Sonreíd. No somos más que unos turistas de Mazatlán que se han ido a dar una vuelta.

Teniendo en cuenta las condiciones en que estaba el Bronco, Danny tenía sus lógicas dudas acerca de la verosimilitud de la explicación, pero tampoco se le ocurrió otra mejor.

—Buenas tardes —dijo Danny.

El de la pistola le devolvió el saludo y se inclinó para observar a los ocupantes de Vito. Los miró a la cara durante unos segundos.

—¿Llevan fruta o verdura?

Luz dijo que sí y le mostró las naranjas y las manzanas que ya empezaban a estropearse tras dos días al sol.

El inspector no dijo nada, pero miró al tirador y sonrió.

—Tiene un feo corte en la cara, amigo —dijo dándose un golpe en la mejilla—. ¿Algún problema?

El tirador puede que entendiera, puede que no. Devolvió la sonrisa al inspector, se encogió de hombros y miró a Luz, dejando en sus manos el peso de la conversación.

—Se cayó el otro día, cuando subíamos unas rocas por la costa. —Luz dedicó al hombre su mejor sonrisa, una sonrisa de las que insinúan «ven por aquí y verás lo que tengo». Miró al tirador y se pasó al inglés—. Las rocas de la costa estaban muy resbaladizas, ¿verdad? Por eso te caíste y te hiciste un corte en la cara.

El tirador señaló su herida sin dejar de sonreír, pero acto seguido tensó los músculos de la cara y dijo:

—Uau... Muy doloroso, fue una estupidez por mi parte —y al mismo tiempo meneó la cabeza de un lado a otro, imitando al típico gringo gilipollas que no entiende lo traicioneras que pueden llegar a ser las rocas a la orilla del mar. Fue una comedia flojita, pero pareció servir a su propósito.

El hombre lo miró de nuevo, sonrió y habló en un inglés aceptable.

—Tiene que ir con más cuidado, amigo. México es un sitio peligroso para los que no están acostumbrados.

Se enderezó y les hizo con la mano un gesto para que siguieran adelante. Danny soltó despacio el embrague y aceleró poco a poco camino de Sierra Madre. Por el espejo retrovisor vio al otro de pie con las manos en las caderas, contemplando cómo se iban. Instantes después, cumpliendo las instrucciones recibidas, el hombre entró en el quiosco y tomó el teléfono.

Las primeras estribaciones de Sierra Madre. Piedra Blanca, Magistral, Guásima, Zapotillo: aldeas que no figuraban en los mapas, pero que estaban asentadas a horcajadas sobre la carretera, o bien a escasa distancia de ella.

—Muy buen trabajo, os felicito a los dos —dijo el tirador—. Ahora necesitamos un sitio donde apostarnos un par de días para hacernos a la idea de cómo va la caza, si van a por todas o no. Mucho me temo que van en serio. En una aldea de éstas llamaríamos demasiado la atención, seguro que se corre el rumor de que andamos por ahí. ¿Me equivoco?

—No, yo diría que estás en lo cierto —le dijo Danny—. En todas esas aldeas hay un policía local que no está armado y que nos molestará directamente, aunque es su cometido notificar a sus superiores cualquier cosa que se salga de lo corriente. Más adelante, la policía estatal o los *federales* aparecerán por la aldea a echar un vistazo. A veces dejan que pase una semana antes de ponerse manos a la obra. Sin embargo, con todo lo que ha ocurrido hasta ahora es posible que reaccionen de inmediato. Y no cabe duda de que llamaremos la atención de mucha gente.

—¿Se te ocurre alguna idea?

—A unos noventa kilómetros hay un sitio del que he oído hablar, un sitio llamado Zapata. Un amigo mío pasó quince días allí hace ya algún tiempo. Es un sitio bastante bonito, que han convertido en un pequeño centro turístico de segundo orden. Los turistas llegan en autobús desde Mazatlán y pasan allí unas horas; almuerzan y pasean por el pueblo. Luego, al volver anuncian a los cuatro vientos que han estado en una aldea mexicana tradicional. Hay un sitio donde alojarse, un par de cantinas, puede que un restaurante. Tengo entendido que unos cuantos gringos residen permanentemente en Zapata, de modo que allí no llamaremos la atención tanto como en otros sitios parecidos.

—Pues vayamos a echar un vistazo.

A la salida de una curva se encontraron con un hombre que venía en dirección contraria a lomos de un caballo bayo, por la cuneta de la carretera. Gastaba bigote y perilla, que le daba un aire aristocrático y apuesto; vestía chaleco y pantalón negro, una camisa blanca y abierta, un sombrero negro de ala ancha y botas negras con incrustaciones de plata. Toda una aparición en el crepúsculo que olía a lavanda. Los miró pasar y ocupó el centro de la calzada. México... La basura y la crueldad, la belleza y la sorpresa, la nobleza misma a caballo, en un lugarejo perdido.

Hora y cuarto más tarde, poco antes de llegar a Zapata, el Bronco empezó a dar tirones y a emitir extraños ruidos.

—¿Qué ocurre? —preguntó el tirador.

Danny iba agazapado sobre el volante, observando los indicadores.

—No lo sé, pero tiene mala pinta.

A trancas y barrancas llegaron al desvío de Zapata, desde donde bajaron por un profundo valle cuya otra ladera ascendieron para llegar al pueblo. El ruido que salía del capó fue en aumento. El Bronco empezó a dar muestras de que estaba a punto de pararse del todo, pero después de dar un brinco hacia delante, se quedó quieto un instante y por fin remontó a sacudidas toda la cuesta. Al llegar a lo alto recorrieron traqueteando unas calles adoquinadas, y así hicieron una entrada no demasiado airosa en la plaza mayor del pueblo.

Era una plaza cuadrada, de unos treinta metros de lado, con un quiosco de música en medio y árboles en abundancia. Una calle adoquinada recorría todo el perímetro de la plaza, separándola de los edificios que la rodeaban por los cuatro costados. En el flanco sur se alzaba una enorme y antigua iglesia que dominaba todo el espacio. Más allá de la iglesia se hallaban las montañas y los valles ya envueltos por las sombras del atardecer. Al oeste había un alargado edificio de una sola planta que había sido dividido en residencias individuales; en la esquina sur había una tienda cerca de la iglesia. El flanco este estaba formado por una serie de tiendas de objetos turísticos y una vivienda de unos cuarenta metros de largo. En el norte se hallaba lo que estaban buscando, una cantina en versión turística y un restaurante que anunciaba en un cartel habitaciones de alquiler.

Danny detuvo el Bronco y miró alrededor. Unas cuantas parejas de adolescentes se dedicaban a los moderados rituales del cortejo paseando por la plaza. Algunos ancianos sentados en sillas recostadas contra las paredes de las casas miraban atentos a los gringos que acababan de llegar. Vito emitía un ronquido que apuntaba a un parón definitivo, de modo que Danny lo aparcó tras el restaurante, espantando a un burro que deambulaba a sus anchas, y apagó el motor. El Bronco quedó en silencio con una fuerte carraspera final.

Se encendieron las farolas de las cuatro esquinas de la plaza, y Zapata efectivamente adquirió un bonito aire típico y pintoresco. Fue una sorpresa que la electricidad hubiera llegado hasta allí, dado que la mayoría de aquellas aldeas aún carecían de suministro eléctrico. Más adelante, Danny se enteró de que Zapata era el pueblo natal del antiguo presidente de México, razón por la cual se había visto favorecido en algunos aspectos. Danny se desmoronó sobre el volante y observó las polillas y los mosquitos que revoloteaban en torno a las farolas. Los tres permanecieron unos instantes sentados sin decir nada, en el primer momento de reposo tras un día extraño y violento, agotador. San Blas y la piscina de Las Brisas parecían algo tomado de otra época, de otro universo, si bien habían estado allí al amanecer de aquel mismo día.

Por delante del Bronco pasaron tres gallinas picoteando eso que picotean las gallinas y nadie más alcanza a ver. El burro había seguido por la calle y estaba plantado en medio, mirándolos por encima del lomo.

El tirador resopló con evidente fatiga.

—Vamos a buscar un sitio donde alojarnos. Luz, sal tú a ver cómo están las cosas.

—Mejor será que la acompañe —dijo Danny—. Este sitio me huele a gringo, y es posible que se nieguen a darle una habitación.

—¿Quieres decir que un mexicano en un pueblo mexicano es capaz de negarle una habitación a una mujer mexicana?

Danny no supo precisar si se mostraba escéptico por el hecho de que los dos se fueran solos, sin él, o si era genuina su incredulidad.

—Pues sí. Si reciben turistas en abundancia, es posible que les dé por ahí. Para un montón de anglosajones, los mexicanos no son más que espaldas mojadas y mano de obra barata que por casualidad viven al sur de la frontera en vez de deslomarse en las granjas de San Joaquín. Y los blancos no están dispuestos a compartir el lavabo con un espalda mojada.

—Por todos los demonios... Pues ve con ella, adelante.

El tirador estaba obviamente fatigado, debería estarlo, y no pensaba hacer el menor esfuerzo por disimular su cansancio. En el plazo de las últimas ocho horas había hecho trizas a tres tipos en una playa de Teacapán y había hecho tres muescas en el total de asesinatos que llevara cometidos a lo largo de la vida, y a saber a cuánto ascendería la cuenta. Danny se fijó en las arrugas que tenía en torno a los ojos, unas arrugas hondas, concéntricas y oscuras.

Una guapa y regordeta mexicana estaba al cargo de la barra del bar. Aparte de ella, el lugar parecía desierto: era mediados de mayo, temporada baja en el negocio turístico. Les dijo que tendrían que ir a ver al encargado, y acto seguido salió a buscarlo.

El individuo se plantó en la barra y los miró de hito

en hito. Llevaba una barba de tres días y un palillo al que daba vueltas sobre el labio inferior, en el que tenía un corte. Danny no supo si su ánimo era amistoso u hostil, o bien estaba a caballo entre ambos extremos. Le pidieron permiso para ver una de las habitaciones y él los acompañó a un patio en el que aparentemente se servía la comida y la cena, para ascender por unas escaleras de piedra que había al otro extremo. Las escaleras daban a una balconada que dominaba el patio; a la izquierda había una hilera de habitaciones.

El propietario abrió la cerradura y les franqueó la entrada empujando la puerta. Una simple bombilla desnuda colgaba de un cable; el hombre la encendió. La habitación era pequeña, con dos camas gemelas y sendos serapes a franjas, con colores típicos mexicanos, así como un lavabo adosado a la pared. Sencilla, escueta, pero limpia y ordenada, pensada para gringos que viajasen con bajo presupuesto. Diez dólares por noche.

Danny le dijo que necesitaban dos habitaciones, pues otra persona estaba esperando en el automóvil. La segunda habitación era una copia calcada de la primera, aunque con una ventana al fondo que daba a un tejado; la calle estaba a pocos metros de distancia del alero. Danny dio por hecho que al tirador le interesaría una salida alternativa de cualquier sitio en el que tuviera que alojarse.

Cargados con los equipajes atravesaron el bar y el patio, y subieron las escaleras. Por el camino, Danny preguntó a la mujer que atendía la barra si era posible cenar algo, cualquier cosa. Empezaba a ser tarde, dijo ella, de modo que tendría que preguntárselo al dueño.

El tirador observó su cuarto y después llamó a la puerta del cuarto que ocupaban Danny y Luz. Declaró que tenía sed, que los esperaba en el bar.

En la habitación, Luz se abrazó a Danny. Él la rodeó con sus brazos, y así permanecieron un tiempo que pareció muy largo, abrazados sin decir nada. Los dos sabían muy bien qué estaba pensando el otro: se habían metido en un aprieto de padre y señor mío.

—¿Te encuentras bien, Luz?

—Tengo miedo, Danny. Pero no sé qué pensar acerca de ese hombre. Conmigo es amable y simpático, y sin embargo es capaz de matar sin pensarlo dos veces, sin pena ni arrepentimiento. Es como algo que nunca había imaginado, como una especie de jinete negro del que hablaba la gente en la aldea, un espíritu vengador que aparece montado a caballo sólo en las noches más cerradas, y que se lleva a la gente sin previo aviso. De todos modos, creo que me da más miedo nuestra situación que él. En cierto modo, me siento segura gracias a lo que él es capaz de hacer.

—Lo tenemos muy crudo, Luz. La verdad es que no sé cómo vamos a salir de este atolladero. Es un follón de mil pares, y siento mucho haber sido yo el culpable de que los dos estemos metidos hasta el cuello.

—Danny, ¿tú sabías algo de ese hombre cuando aún estábamos en Puerto Vallarta? —pronunciaba las erres arrastrándolas con suavidad, cosa que Danny jamás había logrado imitar.

Luz tenía la mejilla apoyada contra su pecho.

—Sí, le vi disparar contra aquellos dos hombres en plena calle. Fui un ingenuo, un estúpido y un arrogante al pensar que podría salirme con la mía, llevarlo a la frontera y sacar una buena historia que contar después. Por eso no quise que vinieras tú, aunque tampoco pude discutirlo a fondo contigo, y menos aún ponerme intransigente, porque se habría dado cuenta de que pasaba algo. Se habría olido la tostada. Lo que debería haber hecho es darte una patada en tu bonito culo, meterte en la casa y olvidarme de la bronca que pudieras armar.

A medida que le decía todo esto, le pasaba la mano sobre la parte más dulce de su cuerpo hasta que la dejó allí posada. Ella sentía una calidez tal como sólo María de la Luz Santos podía sentir, y él la deseó allí mismo, en el acto, para despejar todo lo ocurrido a lo largo del día.

Sin embargo, ella se apartó.

—Se estará preguntando qué estamos haciendo. Mejor será que bajemos.

Luz le tomó de la mano y los dos recorrieron juntos la balconada, bajaron las escaleras y atravesaron el patio iluminado por unas bombillas verdes y azules que colgaban en diagonal. De las diez bombillas sólo funcionaban seis. De las seis, una de las azules parpadeaba.

Danny se detuvo un instante y la miró a la cara.

—Luz, ¿no te preocupa todo esto? Me refiero a los asesinatos, a la violencia. Pareces de lo más tranquila a pesar de lo que está pasando.

—Existe una fuerza interior que una tiene por haber sido criada como una campesina, Danny. Aceptas las cosas como son y como vienen, aceptas que todo lo que ocurre está más allá de tu control. Te preocupas tan sólo de pasar el día de hoy y esperas que mañana no sea mucho peor. Cuando era una muchachita y me quejaba por tal o cual cosa, recuerdo que mi madre me decía: «Luz María, la felicidad no es una cosa nada práctica.» Si él no hubiera matado a esos *federales*, ahora estaríamos los tres en la cárcel. En cambio, estamos libres, y eso es buena cosa. Todo podría haber salido mucho peor.

El tirador estaba retrepado en una silla, con los pies posados en otra. Se había terminado una Pacífico y acababa de empezar la segunda, en la que introducía un pedazo de lima.

Danny pidió lo mismo para él y para Luz, y se bebió un tercio de la botella al primer sorbo. La mujer que atendía en la barra fue a buscar al jefe para preguntarle lo de la comida.

Mientras Danny y Luz estaban en su habitación, aparecieron en la cantina dos gringos que llevaban vaqueros y botas polvorientas, camisas con botones de presilla y se cubrían con sendos Stetsons. Estaban de pie ante la barra, tomándose unas cervezas. Uno de los hombres no le quitaba ojo de encima al tirador, que hacía como si estuviera observando las paredes de la sala, cuando en verdad no era así. Los vaqueros terminaron sus cervezas y se dirigieron a la puerta.

El más alto se detuvo junto a la mesa, miró al tirador y habló con un acusado y áspero acento texano, como si unas cuantas piedras le repicaran en el gaznate.

—¿Nos conocemos? A mí me lo parece, pero no sé de qué.

El tirador alzó la mirada y escrutó directamente los ojos del vaquero.

—No lo creo, o yo al menos no me acuerdo.

—Me parecía que nos habíamos visto en alguna parte, hace mucho tiempo. En Vietnam, quizá.

—No, no lo creo.

—Pues perdón por las molestias.

Los vaqueros salieron al porche; uno de ellos hablaba en voz baja, pero con tono insistente, como si apremiara al otro.

—Jack, más te vale sentar cabeza de una vez. Hace mucho que se marchó Linda, y está claro que no va a volver. Se marchó Sharon, se marchó Linda, se han marchado todas, porque los tíos como tú y como yo estamos tan majaras que no nos aguantan.

Uno de los dos tosió abundantemente cuando ya desaparecían en la noche y subían a una camioneta. El ruido del motor se fue desvaneciendo cuando salieron de Zapata y enfilaron la carretera de Durango.

El tirador señaló el porche con un gesto de mentón.

—Por lo que decían esos dos, todo el mundo se ha largado o está a punto de largarse.

Dio un trago a su botella de Pacífico, la levantó y la estudió.

—Es punto menos que imposible sobrestimar las propiedades medicinales de la cerveza.

Danny lo miró fijamente; le extrañaba que pudiera estar sentado como si tal cosa, menos aún trasegando cerveza. Joder, parecía muy cansado, con la cara demacrada incluso. El tirador dio otro sorbo a su botella de Pacífico y se limpió la boca con el dorso de la mano.

—Pues ese tipo parecía estar muy seguro de haberte reconocido —dijo Danny.

—Sí, lo recuerdo de Vietnam. Era del Primero de Caballería o del Séptimo de Marines, no sé bien. Un tipo duro, con un par de huevos, si mal no recuerdo. Pero no quise que se diera cuenta de que yo también lo había reconocido.

Ya no tenía mucho que perder, ni tampoco secretos que guardar, de modo que Danny le hizo una pregunta a bocajarro.

—Eso que llamas arreglar cuentas enrevesadas... ¿es precisamente todo este lío en el que estamos metidos hasta el cuello?

Clayton Price esbozó una sorisa.

—Qué va. Eso fue en Puerto Vallarta. El resto sólo consiste en apañárselas como uno mejor pueda para volver sano y salvo a casa.

—¿Cuánto tiempo llevas dedicado a esto?

El tirador terminó la cerveza, entró detrás de la barra y se sirvió otra sin dejar de hablar mientras tanto.

—Desde que tenía... veamos... veintiocho años, desde que me fui de Vietnam y dejé los marines.

Volvió a la mesa a largas zancadas, su típica manera de caminar, despreocupada, como si tal cosa, y tomó asiento mirando fijamente a Danny. Éste tuvo la inequívoca sensación de que un taladro eléctrico apuntaba exactamente a un lugar situado encima de sus cejas, efecto Doppler que le causaba la presencia del tirador.

Clayton Price calló unos instantes, se enderezó el

brazalete que llevaba en la muñeca derecha y lo observó.

—Es un oficio que se aprende, un oficio como cualquier otro. Los conocimientos elementales los aprendí en el ejército, hace ya mucho tiempo. Hay quien se dedica a fabricar muebles, hay quien se dedica a lo mismo que yo. Todo es cuestión de aprender el oficio y saber utilizar las herramientas.

Clayton Price sostuvo la botella a la altura de la cara.

—Yo era francotirador; formaba parte de un grupo selecto, hombres escogidos con mucho cuidado para acosar al enemigo. Dicho en otras palabras, terrorismo legalizado. Y éramos muy buenos. Uno de nosotros llegó a tener la marca de noventa y tres asesinatos confirmados. En un solo mes mató a treinta personas disparando desde muy larga distancia, es decir, la tercera parte de las bajas atribuidas a todo el batallón que operaba en la misma zona. El Vietcong le apodaba Pluma Blanca por una pluma que llevaba en su sombrero de campaña. —El tirador meneó la cabeza para manifestar su admiración—. Me acuerdo de aquella vez en que Pluma Blanca le voló la tapa de los sesos a uno de los francotiradores del Vietcong: le metió una bala por la mirilla telescópica desde más de ochenta metros. Joder, no es que fuera bueno. Era el mejor.

—¿Y cuántas tienes tú en tu... haber?

—Ochenta y dos confirmadas, unas doscientas probables en total. El Vietcong puso varias veces precio a mi cabeza, sobre todo en cuanto pasé de cincuenta. Tres años de paga al hombre que acabara conmigo.

—¿Qué se considera «probable»?

—Quiere decir que no había ningún hombre, ojeador u oficial, que confirmara oficialmente que había dado en el blanco.

—¿Has matado a ochenta y dos hombres en una guerra? —Luz lo dijo en un susurro casi inaudible, perpleja e incrédula.

Clayton Price encendió un cigarrillo y asintió, mirándola con semblante serio.

—Cerca de trescientos más bien. De uno en uno, y no todos eran hombres.

—¿Mujeres y niños también? —Luz no daba crédito a lo que estaba oyendo.

Se encogió de hombros.

—Sí, a veces niños, pero sólo si nos estaban matando a nosotros, y muchos de ellos desde luego que lo hacían. No eran niños según lo que nosotros entendemos por niños. El Vietcong los había convertido en soldados con todas las de la ley; iban por ahí lanzando granadas, con bombas caseras ocultas bajo la camisa. Seguramente no habréis oído gran cosa de todo aquello, aparte de la típica masacre que de cuando en cuando saltaba a los titulares de los periódicos. Los norteamericanos son tan rematadamente inocentes, o al menos fingen que lo son, que hacen ondear las banderitas y piden que se declare la guerra a quien sea, sólo que quieren una guerra de acuerdo con sus propias normas. Y en la selva no hay norma que valga. La Convención de Ginebra era un documento de la Edad de Piedra que allá no tenía ninguna validez. Se puede hablar de contradicciones; las balas de punta hueca y las armas de cañones recortados estaban prohibidas por la llamada Ley de Conflictos Bélicos en Tierra, pero parece ser que a nadie le causaba el menor problema que el Vietcong despellejara vivo a quien se le pusiera en los huevos.

»Y había mujeres más brutales de lo que se pueda imaginar. Una en concreto se había hecho famosa por cortarles los genitales a los pilotos capturados, y lo hacía siempre a la distancia de un tiro de nuestros campamentos, para soltar después al prisionero castrado. Venían corriendo hacia la valla de alambre de espino que marcaba el perímetro del campamento, desnudos y sin nada entre las piernas, con un chorro de sangre como si fuera un grifo manándoles de la entrepierna. Hasta ahí llegaba la Convención de Ginebra y las reglas que delimitaban el juego de la guerra. Al final la abatimos. La alcancé desde una distancia de seiscientos metros cuando estaba agachada, echando una meada. Le explotó la cabeza como un melón maduro. Técnicamente, cuatrocientos metros es el radio máximo para tener la seguridad absoluta de acertarle a alguien en toda la cara, de modo que apunté al pecho, pero ella se agachó un poco más en el momento en que apreté el gatillo. Aquello era muy duro, cruel a más no poder. Nadie pedía tregua, nadie daba cuartel. De hecho, sigue siéndolo... sigue siendo duro y cruel.

Danny quedó en silencio unos momentos preguntándose cómo explotaría la cabeza de una mujer que reventase como un melón maduro. Procuró primero imaginar la estampa y, una vez logrado, procuró quitarse la imagen de la cabeza.

—¿Cómo funciona un francotirador? Quiero decir, ¿cómo trabajabas? La única idea que tengo es la de los viejos noticiarios... Aquellos japoneses con camuflaje en el casco, subidos a las ramas de un árbol en algún rincón del sur del Pacífico.

—Ahora es diferente, aunque la misión siga siendo similar: se trata de generar el miedo, de dar pie a las ambigüedades y la indecisión en las filas enemigas, de que el personal tenga miedo incluso de asomar la cabeza.

Danny se esforzó por imaginarse a aquel hombre sentado frente a él en una aldea de las montañas de México, por verlo tal como había estado muchos años atrás: oculto en plena selva y cubierto con un sombrero de campaña. Lo vislumbró sin la menor dificultad.

El tirador hizo una pausa y encendió otro cigarro. Cuando volvió la mujer que atendía la barra, le indicó por gestos que había cogido otra cerveza mientras ella estaba ausente, amén de recordarle también por señas que la anotara en su cuenta. La mujer entendió el mensaje y les trajo a los tres un plato de fríjoles, arroz, tomates y pollo frío. Luz se puso a comer. Danny tenía el estómago un tanto revuelto por haber oído al tirador comparar cabezas y melones, y por verle también llenar el tenedor de fríjoles refritos.

—Así que dejaste el ejército para convertirte en un... —Danny no se atrevió a decirlo.

El tirador tragó el bocado, sonrió de nuevo y completó la frase.

—¿En un asesino profesional? ¿Eso querías decir? ¿En un asesino de pezuña hendida y todo lo demás, el mal en persona?

—En lo que sea. Tú sabrás cómo se llama.

—No te dé miedo la palabra: se llama matar. Soy un francotirador. Desde aquel tío escondido en la maleza que mató a Ricardo Corazón de León con su ballesta hasta Leonardo da Vinci, que abatía a los soldados enemigos desde las murallas de Florencia con un arma de fuego que él mismo inventó, sin olvidar a Jim el Clavo, el que estuvo en el cerco de la Residencia de Lucknow durante las revueltas por la independencia de la India, siempre hemos estado donde había que estar, allí donde pasa lo que pasa cuando las cosas se salen de madre, cuando la política y la ley han fracasado.

»En ese terreno hay un montón de franjas que no son blancas ni negras, sino grises; uno puede haber salido del estamento militar y trabajar sin embargo para el gobierno de un país determinado, el que sea. A los civiles no les hace gracia creer que las cosas sean como son, pero es muy cierto. Uno empieza a trabajar por libre... cuando la gente empieza a requerir sus servicios. De todos mis trabajos, muy pocos, por no decir ninguno, han sido del estilo del que viste en Puerto Vallarta. Ése fue un proyecto muy especial. Casi siempre he trabajado de mercenario, de soldado de fortuna y a sueldo, allí donde hubiera que dar la cara ante los malos.

—¿Cómo definirías a «los malos»?

—Malos son todos los que no estén de mi parte.

Danny sopesó la respuesta unos momentos, y siguió con sus preguntas.

—¿En dónde has trabajado?

—Por todo el mundo. Siempre hay alguna guerra de guerrillas bien fea que se libra en alguna parte, o una fábrica de drogas en lo más recóndito de Colombia, donde resulta que el narcotraficante de turno, el que tiene la sartén por el mango, va a hacer una visita y resulta que alguien desea quitárselo de enmedio. Y cosas por el estilo. África era un sitio especialmente apropiado años atrás, y luego lo fue América Latina, el Oriente Medio... Yo soy especialista en la selva, de modo que me van mejor las zonas selváticas. Y la labor del francotirador es una especialidad en sí misma, para eso me contratan. Por lo común me llaman para cepillarme a un general, a un político. Ya te lo dije antes, se trata de hacer lo que hacen todos los francotiradores: crear miedo, indecisión, ambigüedad, y que los fulanos más importantes y menos deseables se queden encerraditos en su casa, que no anden revolviendo por ahí. Una vez iba en un avión con rumbo a Bagdad, disfrazado de ayudante de un embajador; lo que pasa es que llevaba un rifle desmontado y quince balas de primerísima calidad dentro de la valija diplomática. Nos ordenaron regresar a la base... no sé por qué cancelaron el proyecto. —Miró la mesa, se dio un masaje en los dedos de una mano—. Aquello sí que habría sido interesante. La inserción es relativamente fácil; cuando llega el momento de la extracción es cuando las cosas se ponen crudas.

—¿Haces siempre cualquier trabajo, al margen de lo que sea?

—Casi todos aceptan lo que sea, yo no. Tengo mis propios criterios. —Hizo un alto, y dedicó una sonrisa primero a Danny, después a Luz—. Parece raro, ¿no?

Eso de que un asesino profesional tenga sus propios criterios... No suelo trabajar mucho para el gobierno de Estados Unidos, porque no estoy dispuesto a realizar un trabajo sin saber a qué razones obedece. Por lo común nunca te lo dicen, pero yo no trabajo a ciegas. Una de dos: o me cuentas las razones, o llamas a otro. Por eso me gusta ser mercenario, soldado a sueldo, porque habitualmente tienes una idea de por qué demonios se libra una guerra determinada, de modo que puedes decidir con entera libertad si subirte al carro o no, según lo que opines de lo que allí se ventila. Y yo jamás me dedico a matar lo que se me ponga por delante como si fuera un deporte, e incluyo a los animales. Matar no es un deporte, es matar, y punto. Y resulta que así me gano la vida.

—¿Qué clase de trabajos son los que rechazas?

—Cuando un richachón quiere quitar de enmedio a su esposa, para no verse obligado a pagarle un pastón el día en que se divorcie. O cuando alguien se ha vuelto loco y quiere matar a otro, o cuando uno quiere eliminar a su socio. Cosas así. Por pocos cientos de dólares se puede contratar a un chaval del gueto, con dieciocho años o poco más, que hará ese trabajo sin poner ningún reparo. Ojo, no me entiendas mal, no intento justificar mi propio trabajo. Es lo que yo hago y lo hago a mi manera, eso es todo.

—¿Y si alguien te mintiera acerca de las razones por las cuales quiere que le hagas un trabajo?

—Eso es algo que ni siquiera se les ocurre. —Dio un trago a la cerveza y Danny lo creyó.

—Me sorprende que hicieras lo de Puerto Vallarta estando en un lugar público como El Niño.

—Por lo común, nunca lo hubiera hecho así. En este negocio no existe un código del honor que rija cómo ha de hacerse un trabajo. Si es posible, hay que hacerlo desde una larga distancia; tal como decíamos en Vietnam, disparar desde lejos es lo mejor, a no ser que puedas estar en el mismo sitio que el objetivo. Desde lejos y, a ser posible, por la espalda. Y jamás se hace en público, al menos mientras uno pueda evitarlo. Llevaba un par de semanas tras los pasos de ese tipo y se me estaba acabando el tiempo. Estaba seguro de encontrarlo en Puerto Vallarta, pero debía de estar escondido en alguna parte y no lograba dar con él. De pronto me lo encuentro de manos a boca, lo veo salir de un automóvil en plena calle. Atando cabos, creo que me estoy haciendo viejo, un poco descuidado, y a veces, no sé por qué, las cosas me importan un pimiento. Por otra parte, no tenía posibilidad de elección... siempre y cuando quisiera terminar bien el trabajo.

»Sí, me parece que empiezo a patinar. Además, ahora hay armas de alta tecnología a las que no sólo no tengo acceso, sino que tampoco sabría cómo utilizarlas: gafas de infrarrojos para ver en la oscuridad, explosivos cada vez más sofisticados... Soy todo un especialista, un tirador a la antigua usanza, y nunca he aprendido gran cosa sobre explosivos, quitando lo elemental, lo que sabe cualquiera. Empiezo a sentirme obsoleto, me parece que llevo demasiado tiempo en los cuernos del toro. De vez en cuando me da por pensar que ya es hora de cerrar el tenderete.

—¿El oficial de la armada también era un objetivo?

—Vaya... Era harina de otro costal; digamos que era un objetivo puramente secundario.

—¿Por qué te enviaron a matarlos?

Clayton Price había terminado la cena, y miró con sus ojos azul grisáceo rodeados de círculos oscuros primero a Danny, después a su botella de Pacífico. Luz había ido al lavabo y la mujer que atendía a la barra estaba en el porche, desde donde no podía oírlos.

—Mira, debería decirte unas cuantas cosas. ¿Te parece que hasta ahora esto ha sido duro? Pues las cosas pueden ponerse mucho más jodidas antes de que terminemos, de modo que empiezo a pensar que más te valdría saber la historia entera. No sé muy bien por qué, pero me parece que es lo justo. —Miró hacia la puerta por la que había salido Luz—. Tal vez sea por ella.

Danny dio un sorbo a su cerveza y no dijo nada.

—El civil que asesiné en Puerto Vallarta se disponía a vender importantes secretos relativos a recientes avances en informática a un consorcio industrial de Taiwan; se trataba de algo relacionado con un asunto muy novedoso que llaman análisis de fracasos, una complicada simulación por ordenador que permite saber por qué fallan las cosas, toda clase de cosas, cuando no salen de acuerdo con lo previsto. El estamento militar está sumamente interesado en esa nueva tecnología. Y las empresas norteamericanas están que se suben por las paredes con la idea. Se trata de una de las nuevas fronteras tecnológicas, una de las pocas zonas en las que casualmente los norteamericanos están muy por delante del resto de los competidores. Cuando una de las grandes empresas de armamento vio sustancialmente disminuido su presupuesto a raíz de los recientes recortes del gasto gubernamental en defensa, despidió a unos cuantos ingenieros de primerísima clase. Uno de ellos era el civil de Puerto Vallarta. Decidió llevarse unos cuantos secretos el día en que lo echaron, e iba a vender todos sus conocimientos sobre análisis de fracasos a ese grupo taiwanés. Se rumoreaba que le iban a pagar unos cuantos millones de dólares.

»El golpe me lo encargó una rama del gobierno de Estados Unidos, aunque no estoy muy seguro de cuál era exactamente. Hubo un intermediario, como siempre... Sin embargo, a mí me olía a gobierno desde el primer momento, desde que firmé el acuerdo. No fui el único especialista al que contrataron; había otros dos o tres que también iban por libre. Te puedes hacer una idea de las ganas que le tenían. En Puerto Vallarta estaba otro de los francotiradores contratados, lo vi una noche en un bar y supe que era un tirador. Hay un viejo proverbio ruso que dice que «un pescador conoce a otro pescador sólo con verlo de lejos». A todos nosotros se nos dio carta blanca, se nos permitió ir adonde tuviéramos que ir y hacer lo que tuviéramos que hacer. Todos teníamos garantizada una determinada cantidad de dinero, aparte de un plus para el que hiciera el trabajo en sí. Como si fuéramos cazadores de cabezas en busca de la recompensa.

»Me soplaron que la transferencia de información podría tener lugar en México, y seguí la pista del ingeniero hasta llegar a Puerto Vallarta. Una vez allí no conseguí localizarlo. Sabía que iba a reunirse con alguien muy pronto, pero no sabía ni cuándo ni dónde. Una noche, estaba yo sentado en El Niño y ¡zas! Allí estaba.

—Sin embargo, llevabas el arma bajo el chaleco y lo tenías sobre el alféizar. Debías de tener una cierta idea de que se iba a presentar allí.

—No. En esto siempre hay que estar preparado, a todas horas. A veces, la suerte desempeña un papel fundamental. Y lo digo a pesar de lo que te dije la otra noche a propósito de la suerte.

—¿Y el oficial de la armada?

El tirador esbozó una sonrisa cargada de tristeza y se rascó la mejilla.

—No sé muy bien por qué te cuento todo esto. En fin, debe de ser que a veces ya no me importan nada algunas cosas, o que todo me da igual. —Suspiró y miró al techo—. Te parecerá bastante descabellado. Cuando estaba en el sureste asiático, nos enviaron en una misión de alto secreto: había que matar a un holandés que tenía una plantación en Camboya y, al parecer, unas cuantas amistades en las altas esferas. Permitía que el Vietcong utilizase su plantación para almacenar toda clase de equipamiento bélico y, te lo creas o no, era un experto en torturas. «No dejes que te capturen en ese sector, o el holandés se pondrá manos a la obra y tendrás ganas de no haber nacido nunca al mismo tiempo que rezarás a Dios para que te quite la vida cuanto antes.» Eso se decía entre nosotros. Y cosas peores.

»Tres de nosotros partimos hacia allí. Un capitán que era mi comandante en la misión, mi ojeador y yo. Nos sacaron del catre a medianoche, nos dijeron que recogiéramos nuestras pertenencias y que esperásemos al helicóptero en el helipuerto improvisado detrás del campamento. Al cuarto de hora ya íbamos de camino... —El tirador hizo una pausa y sonrió—. El vaquero que estaba ahí hace un momento... era uno de los artilleros del helicóptero que nos llevó a realizar la misión, sólo que no volvió con la tripulación de recogida. A los francotiradores nos enseñan a ser muy buenos observadores, a verlo todo sin olvidarnos nunca de nada. Me costó de todos modos unos minutos recordar dónde lo había visto. Maldita sea, hace más de veinticinco años y me lo encuentro tomándose una cerveza aquí mismo, en Zapata... ¿Te imaginas? Aquí, en Zapata.

Meneó la cabeza y permaneció callado un momento antes de seguir.

—De todos modos, ninguno de nosotros teníamos la menor idea de lo que se iba a cocer en aquella misión; yo tan sólo sabía que nos enviaban a matar a una persona muy especial, ni siquiera sabía dónde. El propio capitán lo desconocía. Le dieron un fragmento reducido de un mapa de mayores dimensiones, un trozo que sólo abarcaba unos veinticinco kilómetros cuadrados, la zona en la que íbamos a actuar. Después descubrimos que estábamos en Camboya. Aquella noche pregunté al capitán qué demonios estábamos haciendo allí, y me contestó lo siguiente: «Lo de siempre, chico: pelar las colas y chupar las cabezas.» Era de la zona del *bayou*, y le divertía utilizar esa metáfora sobre el marisco.

Danny seguía remoloneando con la cena, pero terminó por apartar el plato cuando al tirador le dio por citar a los filósofos del *bayou*.

—Iba a ser una operación de precisión. No había margen de error. Organizamos nuestro «escondrijo» y nos pusimos a esperar, agazapados los tres por espacio de unas cuatro horas. Los de inteligencia no sé cómo se habían enterado de que el holandés aparecería por un determinado sendero para reunirse con el Vietcong, tal como hacía al parecer todas las mañanas. Y efectivamente asomó de la selva dos horas después del amanecer. Gastaba salacot y ropa de color caqui, y se ayudaba con un bastón para caminar. En fin, toda la pesca. Era una diana relativamente fácil. Le metí una bala de punta hueca por el cuello a casi cuatrocientos metros, y probablemente fue suficiente, ya que la cabeza le cayó a un lado, sujeta por unos jirones de piel; a mí al menos me lo pareció al verlo por la mira telescópica. Sin embargo, Dios santo: no sé cómo se puso en pie y echó a correr como un poseso, con la cabeza colgando encima del hombro y soltando un chorro de sangre. Ninguno habíamos visto nada parecido, era como un pollo al que le hubieras cortado la cabeza de cuajo. El capitán ordenó que disparase de nuevo, de modo que le metí otra bala entre los omóplatos... Y acabé con él para siempre.

»Acto seguido, una carga de mortero estalló a veinte metros de donde estábamos. Por más cuidado que hubiéramos puesto, alguien había descubierto dónde nos encontrábamos. Echamos a correr como locos por una cañada, y luego subimos un cerro que tendría unos doscientos metros de altura. La idea era que el capitán había llamado por radio a un helicóptero que debía presentarse en el punto X para recogernos en un plazo de veinte minutos. Joder, de pronto nos vimos rodeados por el Vietcong por los cuatro costados.

Danny se fijó en que los ojos del tirador se abrían

como platos al recordar el terror del momento, el verdadero y absoluto miedo de aquella huida.

—Hubo fuego de armas automáticas, fuego de mortero, un infierno que reventó de repente. Mi ojeador se partió por la mitad debido al estallido de una granada; quiero decir que no quedó nada de él aparte de las entrañas que se le salieron del cuerpo, un espanto. El capitán y yo seguimos corriendo, estábamos acojonados. Llegamos a lo alto de la colina y bajamos por el otro lado con la ropa desgarrada por los espinos y sabe Dios qué más. Llevaba la camisa hecha andrajos. Aparecimos en un prado y seguimos corriendo, pero el Vietcong nos cortó allí la retirada. Trazamos un desvío por un arrozal, corriendo por los surcos llenos de agua. Nos faltó muy poco para morir, trastabillando y ya sin resuello.

»Vimos el helicóptero que venía a recogernos; estaba a menos de un kilómetro. El piloto nos vio corriendo por el arrozal y modificó el punto de aterrizaje, encontró un lugar idóneo y se posó. El capitán fue alcanzado por un tiro cuando aún estábamos a doscientos metros del helicóptero, que estaba posado en tierra con las hélices girando. Me lo eché encima como si fuera un fardo y seguí corriendo. El Vietcong nos cercaba por tres flancos, a pesar de lo cual comprendí que lo íbamos a lograr siempre y cuando el piloto esperase lo justo. Avanzaba metido hasta las rodillas en el barro y el agua y caminaba paso a paso; cada vez que levantaba un pie se formaba un remolino y se oía una poderosa succión. En la portezuela del helicóptero había un tipo agazapado. Cuando sólo estábamos a veintitantos metros y el Vietcong ya nos tenía cercados le entró el pánico e indicó al piloto que despegara. El helicóptero levantó el vuelo. Esa cara que me miraba al elevarse el aparato no la he olvidado nunca: se me ha grabado en la memoria durante todos estos años. El muy cobarde, el muy hijo de puta nos dejó allí tirados.

»Fuera como fuese, llevaba cuatro días echando el anzuelo en Puerto Vallarta sin haber pescado nada. Una noche de lo más agradable estoy sentado en El Niño, mirando por la ventana, y ¿a quién me encuentro paseando por la calle con su elegante uniforme blanco? Al tipo que me dejó tirado en un arrozal de Camboya con un capitán de los marines a cuestas. Te estoy diciendo la verdad: era él. Algo más viejo, pero era él. Estaba a punto de seguirlo a pesar de que así violaría todos mis principios para ocuparme de un asunto personal, estaba dispuesto a cargármelo en plena calle, cuando su sedán verde se detiene y sale del mismo mi verdadero objetivo.

»Todo esto sucedió en cuestión de segundos, entiéndelo, de modo que tuve que tomar una serie de rápidas decisiones. Y opté por ir a por todas, a por los dos. Por la ventana de El Niño vi un poste de teléfono con un cable de sujeción. El campo de tiro de que disponía era solamente de un metro, el comprendido entre el poste y el cable. Iba a ser arriesgado, sobre todo por disparar con una pistola, pero me di cuenta de que podía hacerlo. Como el oficial de la armada iba caminando y estaba a punto de desaparecer de mi vista en un par de segundos, lo abatí a él primero: le apunté al pecho, pero el disparo se me fue alto y le di en el cuello, o eso creo. Utilicé balas mágnum de punta hueca, de modo que seguramente logré mi objetivo, máxime si la asistencia médica tardó en llegar. No debería haber gastado dos balas en el civil. Ya lo dije antes, creo que mi destreza se resiente con la edad, o puede que sea cuestión de actitud, o de ambas cosas.

»Tal como lo veo ahora, disparar contra el oficial fue un error, sobre todo por el momento y el lugar que elegí para hacerlo. La regla elemental de este negocio es no permitir jamás que tus sentimientos personales se enmarañen con tu trabajo, y no dar jamás un golpe por motivos personales, así de sencillo. Porque eso equivaldría a meterte en un lío, ya que sería fácil averiguar tu participación en el asunto. Es probable que tú no lo sepas, pero cuando son asesinos profesionales los que realizan un trabajo, la mayoría de las veces no se sospecha de ellos, y desde luego nunca son capturados. La idea esencial es la discreción a toda costa, y yo me salté esa norma en Puerto Vallarta. Perdí el control por algo muy personal, algo que sucedió años atrás. Debe de figurar en mi ficha, esté donde esté... Se sabe de sobra que yo juré que mataría a ese hijoputa en cuanto me lo encontrase. Hace unos diez años se me advirtió oficialmente que ni siquiera se me ocurriese pensar en ello, pues parece ser que el tipo pertenecía a una rama especial de la armada relacionada con la CIA, que era todo un pez gordo, un cabrón con pintas.

—¿Qué pasó después de que se fuera el helicóptero y te dejara tirado en un arrozal, en Camboya?

—Más vale que no sepas ningún detalle, o no serías capaz de probar bocado nunca más. Al capitán y a mí nos torturaron. —El tirador alzó ambas manos y Danny vio unas profundas cicatrices en torno a las uñas de los diez dedos. Antes no se había fijado. Señaló el muñón del dedo que le faltaba en la mano izquierda—. Me lo aserraron con un cuchillo oxidado, y eso no fue más que el calentamiento previo para lo que iba a seguir. El capitán murió a raíz de lo que nos hicieron. Yo maté a uno de los guardias, le di garrotillo con un pedazo de alambre y me escapé. Llegué a un río y me dejé llevar por la corriente, agarrado a un tronco, hasta llegar al mar. Luego puse rumbo al sureste siguiendo la costa del golfo de Tailandia, alimentándome de lo que encontraba y de lo que me daban los aldeanos, hasta que tres semanas después topé con una patrulla del ejército. Te juro que a aquel hijoputa que me dejó tirado en un arrozal, con el capitán malherido y echado a la espalda, lo busqué por todo Vietnam. Al parecer, había rotado de puesto y ya no estaba allí.

Luz volvió en el momento en que el tirador daba por terminado su relato. Más adelante, Danny le contaría todo lo que éste le había referido.

—No sé muy bien cómo decirlo, pero... ¿cómo es posible vivir con todo eso? ¿Cómo vives con todo lo que me has contado?

—¿Quieres decir que cómo vivo con tantos muertos entre pecho y espalda?

—Sí, eso es. Llevas cinco en estos últimos días.

Clayton Price sonrió.

—En primer lugar, después de Vietnam dejé de llevar la cuenta: me limito a realizar mi trabajo, y en este negocio no importa que uno pierda la cuenta de lo hecho. Aparte de eso, depende del concepto que tengas de la moralidad, o como quieras llamarlo. Los occidentales, y los norteamericanos en particular, son un hatajo de hipócritas cuando se trata de un asesinato. El otro día leí que habían nacido diecisiete niños con la cavidad craneal vacía en el hospital de Brownsville; al parecer, se debe a la polución industrial. El artículo comentaba que existen toda clase de residuos tóxicos en las alcantarillas, y nubes de mierda que se forman sobre las chabolas de los obreros. La mayor parte de esa porquería procede de las fábricas norteamericanas instaladas allí para rehuir las leyes medioambientales de Estados Unidos y para despreocuparse de los niveles de toxicidad de los residuos que generan a diario.

»A mi juicio, no existe ninguna diferencia cualitativa entre esos ejecutivos de empresa y yo mismo. Bueno, puede que haya una: mis asesinatos son quirúrgicos, y los suyos son indiscriminados. ¿Qué demonios...? Es algo que sucede a todas horas y en todas partes. Si no es por un arma, es por la polución. Si no es por ninguna de las dos razones, si no es por un vehículo cuyo tanque de gasolina explota, si no es por otro millón de razones, la gravedad al final acaba con todos nosotros. Piensa en cómo barrimos del mapa a los indios norteamericanos. Piensa también en las guerras que amañamos en lugares bien lejanos. Cuando lo medito a fondo, lo veo con toda claridad, y sé que asesiné a doscientas o trescientas personas en el sureste asiático únicamente para satisfacer el egotismo de unos cuantos políticos y otros tantos generales. Yo también fui allí un mercenario, sólo que era demasiado joven para darme cuenta. Sea como sea, la economía o la religión están en el fondo de cualquier asunto.

»Ahí tienes a los ejecutivos de cualquier banco de préstamos y ahorros, esos piernas que un buen día se largan con la pasta dejando a los ancianos hundidos y desesperados. O los jóvenes esquimales que exterminan a los leones de mar a golpe de ametralladora para vender los colmillos y cambiarlos por droga. Ahí tienes a los cruzados de la Edad Media, al IRA, los linchamientos a los negros; ahí tienes el Holocausto y los Conquistadores. De un modo u otro, todos estamos metidos en este negocio de la matanza. Es probable que alguna vez hayas comprado algún producto fabricado en las factorías de Matamoros, cosa que te convierte en cómplice, porque por mucho que protestes diciendo que no sabes lo que ocurre en esas fábricas, lo sabes perfectamente.

»Mira, estoy cansado y empiezo a desbarrar. Hace mucho tiempo que hice las paces con lo que es mi oficio. Me limito a hacerlo y no pretendo justificarlo. No obstante, vi la cara que ponías cuando te contaba lo de la mujer del Vietcong a la que maté cuando estaba meando, y ese tipo de ingenuidades son las que me pueden cabrear no veas cómo. Los norteamericanos piensan que el resto del mundo contempla la vida tal como la contemplan los presbiterianos de clase media, y eso es una estupidez de tomo y lomo. Existe infinidad de formas de ver la vida. Señalamos los Diez Mandamientos y decimos que la vida humana es sagrada, que está para servir a Dios y todo eso: así se consigue mantener a las tropas bien alineadas. Otros se aferran a las escrituras hindúes y dicen que esta vida no es más que una simple etapa en un camino que nos lleva hacia algo diferente. El Vietcong no parecía muy preocupado ante el hecho de matar o morir, de cortarles las pelotas a los pilotos norteamericanos. ¿Qué me dices de las bandas callejeras de Los Ángeles? Son exactamente igual que el Vietcong. Para ellos, la vida no tiene ninguna importancia, tienen una estructura de valores completamente plana cuando se trata de matar. Puede que algún día te hable de los planes de ciertos peces gordos del gobierno para enviarme a mí a Los Ángeles a limpiar aquello un poco, cepillarme a los principales jefecillos de las bandas. Nunca se llevó a cabo, pero desde luego se les ocurrió la idea, y yo llegué a pensármelo despacio.

»Me acuerdo de tu libro, Danny, de *Chicago Underground.* ¿Cuándo se publicó? ¿Hace seis o siete años? Ya sabía que había visto tu cara en alguna parte, aunque me costó un buen rato emparejarla con la foto de solapa de un libro que había leído.

—Sí, se editó en 1987. —Danny no perdía ripio.

—Así que anduviste con los listillos una temporada y terminaste por creer que te habías enterado de cómo funciona el tráfico de drogas por dentro. ¿Los viste alguna vez dar un golpe?

—No.

—Por todos los santos, Danny. Creías haber entendido lo que sucede en realidad y lo pusiste por escrito, añadiéndole algunos toquecillos sabrosos sobre la vida en la cara oculta y unas cuantas torpes deducciones sobre el modo en que a tu juicio funcionan las cosas. —El tirador movió la cabeza con un gesto de burla antes de seguir a toda velocidad—. ¿Sabes qué? No llegaste a oír el chasquido de las rótulas de un individuo cuando lo golpean con una barra de hierro. No viste cómo le meten a un tío una bala del 38 en la cabeza, ni las muchas balas del 38 que le meten a su mujer en el cuerpo porque casualmente ha sido testigo del acto. ¿Has visto alguna vez de cerca qué hace una bala en el torso de un ser humano, cómo entra por un minúsculo orificio y abre lo que se denomina una lesión permanente, aunque después posiblemente se ponga a rebotar como loca contra las costillas y el esternón, contra la columna vertebral, como si fuera un misil que rebotase contra las paredes del Madison Square Garden? ¿No? Si es una bala de carga hueca, se fragmenta en el interior del cuerpo, y las astillas de acero desgarran todos los órganos que encuentren a su paso. Danny Pastor, chico duro de Chicago, periodista curtido a pie de calle, tú no has visto nada: tan sólo te parece que lo has visto. Eres igual que todos esos estúpidos que se ponen a ver *Se ha escrito un crimen*, esas series en las que el asesinato siempre tiene lugar fuera de escena, como si fuera algo sin problemas, limpito, aseado. Me encantan esas películas de asesinatos y de misterio que pasan los fines de semana en un hotel, en las que todo el mundo se pone a husmear y a investigar quién ha matado a uno de los huéspedes. Te puedo asegurar que si vinieran a curiosear entre los profesionales de mi oficio, alguien les reventaría las entrañas con un picahielos o con algo peor. El problema consiste en que hemos abaratado la idea del asesinato en sí, de modo que ahora es una especie de juego intelectual al alcance de cualquiera, sólo que hay unos cuantos que asesinamos de verdad, que sabemos muy bien qué significa matar, y ése es un negocio poco agradecido y bastante sucio.

Se había metido en el terreno de Danny, aunque sólo un poco, cuando habló de los listillos de Chicago. Danny se sentía algo hundido, azorado, ya que el tirador al menos en parte tenía razón, y por eso mismo prefería pasar a otra cuestión.

—¿Has trabajado alguna vez con la Mafia?

—No, muy poco. La Mafia apenas sale de las ciudades, y a mí las ciudades no se me dan del todo bien. Son gente astuta, muy finos sobre el cemento y el asfalto. A mí la ciudad no me sienta bien. En cambio, en campo abierto son unos blandengues, me los como en un visto y no visto. —Lo dijo lisa y llanamente, sin darse ínfulas de nada, tal cual era—. Bueno, a la mierda. —Clayton Price se puso en pie—. Ya está bien, me voy a descansar. ¿Qué pasa con el Bronco?

—Lo repasaré mañana en cuanto amanezca. La verdad es que parecía bastante serio.

—¿Entonces?

—No sé. Si es preciso, iré a Mazatlán a por una pieza de recambio. O puede que alquile un automóvil allí.

—Ya hablaremos en cuanto amanezca. Si no me voy a dormir, me caeré redondo ahora mismo. —Dio unos cuantos pasos, pero se detuvo y se volvió—. Espero que recuerdes el pequeño sermón que te di por el camino. Yo me voy a dormir, vosotros hacéis lo que tengáis que hacer. Pero antes de hacer cualquier cosa, pensad bien en las consecuencias.

—Lo tengo muy presente.

El tirador atravesó la cantina y el patio. Danny se fijó en el balanceo de su pierna derecha y recordó la Beretta que llevaba ahí. El tirador: llegado desde las más lejanas fronteras de Plutón o de algún lugar semejante, había seguido su propio rastro en medio de la niebla de muchos otoños remotos, mientras él, Danny Pastor, se había dedicado a pasarlo en grande en la Universidad de Misuri, en principio estudiando periodismo, aunque lo cierto es que se pasó dos años enteros rebotando contra el dulce, ansioso cuerpo de Missy Morganthal. Missy Morganthal, cuyo padre era propietario de una acería en Indiana y donaba dinero en abundancia a la selección de atletismo de la Universidad de Misuri, Missy Morganthal, una Kappa Kappa Gamma para el Sigma Chi de

Danny, una personita tierna, con cola de caballo, perpetuamente caliente y húmeda, siempre dispuesta a todo... hasta que se lió con un joven y macluhanesco profesor de medios de comunicación que tenía un bonito apartamento, que hablaba la misma lengua que ella y que en vacaciones de primavera le ofreció algo mejor que una tienda de campaña en South Padre Island.

Entre todo eso, y recorriendo una ruta paralela y propia, el tirador había ido remontando el paso de los años como si fuera un espectro modelado por el troquel de sus genes, por la alimentación o el ayuno, dedicado en cuerpo y alma a esas brutales labores en que la sociedad bienpensante prefería no reparar. Y en caso de que llegara a reparar, lo hacía con la esperanza de que alguien se encargase de ellas. Danny sabía que Vietnam fue una guerra de obreros, una guerra que libraron la clase trabajadora y los ciudadanos de color, jóvenes como el tirador, que iban allá porque se les ordenaba que allá fueran, y que después sólo recibieron las burlas de los que no fueron, de los que jamás llegarían a entender lo que de hecho ocurrió allá lejos. En ese instante, Danny Pastor no se sentía como un periodista avezado que se hubiera embarcado en aquel viaje con la intención de encontrar material para revivir los laureles del pasado. Se sentía... como un niño chico y tan culpable que ni siquiera era capaz de expresarlo y explicarlo para sus adentros.

En algún recodo de las calles de Zapata, envueltas en la oscuridad de la noche, gruñían los perros. Danny dio el último sorbo a la cerveza que sujetaba entre las manos y miró a Luz, que estaba mirando al patio, al lugar por donde se fue el tirador.

—Danny —dijo ella tocándole la cara tras volverse hacia él—, necesito que me hagas el amor.

Se dirigieron a su habitación y lo hicieron de manera apacible y sosegada, en busca de algo indeterminado, quizá de una cierta seguridad. Mientras tanto, Luz se imaginó que se la llevaba el jinete negro del que hablaban los viejos, un espíritu vengador que sólo cabalgaba en las noches más cerradas y que se llevaba a la gente sin previo aviso, sobre todo a las mujeres jóvenes.

Más avanzada la noche Danny se despertó y tomó asiento junto a la ventana, desvelado, pensando en una forma de salir del atolladero. Eran cerca de las tres de la madrugada, el pueblo estaba dormido, todo el hemisferio occidental dormía.

Algo se movió en las sombras sin despegarse de una hilera de edificios que había al otro lado de la calle. Seguramente sería un perro, aunque después pasó bajo la luz de una farola: un jaguar, *el tigre.* El gato rondaba las calles de Zapata como un vigilante nocturno jaspeado, tenso, meneando la cabeza de lado a lado, las grandes zarpas acariciando los adoquines en silencio. La silla de Danny crujió cuando cambió de postura para verlo mejor. A menos de diez metros de distancia, *el tigre* alzó la mirada hacia la ventana y lo contempló por espacio de diez segundos con ojos entre verdes y amarillos que Danny vio a pesar de la escasez de la luz. El jaguar dobló una esquina sin acelerar el paso y desapareció por una oscura callejuela. Uno o dos minutos después, Danny oyó el chillido de muerte de un cerdo, un burro o un perro. Sólo fue un instante.

Danny volvió a la cama y se tendió inmóvil. En medio de aquella calma oyó una llave que giraba en la puerta de al lado. Después, el suave «clic» de la puerta del tirador: se abrió y se cerró de nuevo.

Un suave «clic» de una puerta en un pueblo de montaña llamado Zapata, y un portazo en un Chevrolet Suburban aparcado tras una gasolinera de la Pemex al sur de Mazatlán.

Walter McGrane, sudoroso y cabreado, se apoyó contra la portezuela que acababa de cerrar y dio una patada contra el suelo polvoriento.

—Maldita sea. ¿No les dijimos con todas las letras que no se anduvieran con chiquitas al ver a Clayton Price? Tenemos que metérselo a golpes en esa cabezota que tienen: que no es un turista borrachín, que no es un delincuente de poca monta, joder.

En la furgoneta de los *federales*, a su lado, sonaba por la radio una polca mexicana.

—¡Apagad esa puta radio y dejadme pensar!

Cesó la música y Walter McGrane alzó la vista entornando los ojos hacia las luces de vapor de mercurio que refulgían encima de él. A su lado estaban dos hombres con sendas cazadoras.

—¿Cree que es obra de Price? —preguntó uno.

—Cojones, pues claro que sí —gruñó Walter McGrane por toda respuesta—. ¿De quién, si no? —Golpeó la tapa del maletero del Suburban—. Esa carnicería lleva su firma estampada: disparos de gran precisión, una pistola de pequeño calibre. Las armas de estos hombres no llegaron a dispararse, no soltaron ni una bala. De todos modos, dejar aquí el todoterreno ha sido una torpeza; me habría esperado algo más astuto por parte de Price. Obviamente tiene prisa... Joder, qué mal huele. Weatherford —dijo al cabo de un rato, y miró a uno de sus acompañantes—. Anuncia por radio que vamos a centrarnos en la zona de Mazatlán. Que nos envíen refuerzos con armamento y algunos batidores que peinen la campiña. Y aclara que lo quiero todo aquí a primera hora de la mañana.

Walter McGrane entró en la gasolinera a por un café, decidió que tenía que hacer aguas menores y se plantó en el urinario, deseando con todas sus fuerzas estar en Georgetown. De no haber sido por el fiasco del año anterior en Yemen del Sur, que ni siquiera fue culpa suya, posiblemente ni siquiera habría tenido que estar allí.

«Ésta es una gran ocasión para redimirte, Walter.» Eso le habían dicho al término de la reunión.

A tomar viento la redención. Iba a hacer aquello sólo porque se lo habían ordenado. Una vez resuelto el asunto, se jubilaría y se iría a vivir a su casa de campo en Vermont, a cultivar manzanas y a sentarse en calma en el porche, procurando no mirar más de la cuenta a la joven esposa del presbítero cuando acudiera a jugar al bridge los jueves por la noche.

EL ROSARIO Y CLAYTON PRICE

Viernes, a primera hora de la mañana. Danny está metido de medio cuerpo bajo el capó del Bronco; el tirador lo observa. Los gallos arman una barahúnda de mil demonios por todos los corrales del pueblo; los burros están hambrientos y rebuznan sin cesar. Se oye algo de música en un magnetofón portátil, música mexicana: un acordeón, guitarras, canciones de amor.

Danny se incorporó y se acodó en el guardabarros de Vito sin dejar de mirar el motor.

—Se ha jodido la bomba de la gasolina.

—¿Podemos encontrar un repuesto por aquí cerca?

—Es posible. Seguramente en Mazatlán. Vaya, eso espero. Por todo México hay unos cuantos armatostes como éste. A lo peor tendré que ir a un desguace y encontrar un repuesto usado. Me llevará algún tiempo... Puede que un día, puede que algo más. En cambio, podría alquilar un automóvil en una agencia.

Clayton Price meneó la cabeza.

—Para nada. Los coches de alquiler dejan un rastro de papeles. Para empezar, tendrás que presentar el carnet de conducir y toda la pesca. No tengo ni idea de adónde nos llevará todo esto, no sé siquiera si podrás devolver el coche o no. Si no lo devuelves, toda la policía saldrá a la busca y captura de un coche de alquiler robado, y tendrán tu carnet de conducir y tu dirección. No, para nada. ¿Podrías reparar el Bronco si encontrases una bomba de gasolina?

—Creo que sí.

—¿A cuánto estamos de la frontera?

—A unas veinte horas de coche... Veinte horas, pero de las duras. —Danny estaba apoyado contra el guardabarros con los brazos cruzados.

—Al final todo se reduce a una jodienda como ésta, y terminamos crucificados por la bomba de la gasolina o alguna putada semejante. —Clayton Price se metió las manos en los bolsillos y alzó la mirada hacia la torre de la iglesia, que estaba a una manzana, cuando comenzaron a repicar las campanas para llamar a la misa del viernes—. Una vez hice en África un trabajo con otro tipo. Estábamos en lo más profundo de la selva. Fue un trabajo limpio, perfecto, y ya íbamos camino de Kenya cuando se nos rompió la correa del ventilador. No teníamos recambio. ¿Te lo imaginas? No teníamos recambio para la correa del ventilador, y habíamos hecho un trabajo que exigió una financiación descomunal.

—¿Y qué pasó?

Aquélla fue la primera vez que Danny vio reírse de veras al tirador.

—Mientras estábamos tirados en una pista forestal, lo que se dice en el culo de África, aparecieron dos Land Rovers, un safari fotográfico para turistas. Nos recogieron, y me pasé seis horas sentado al lado de un tipo de Ohio que me contó todo lo que uno pueda llegar a saber sobre la manufactura de cajas de cartón, el negocio que tenía el menda en Cleveland. Mi ojeador, un chicano que se llamaba Juliano, un tipo de la zona este de Los Ángeles, terminó largándose a El Cairo con una de las mujeres que componían la expedición fotográfica. Yo me quedé tres días alojado en un lujoso hotel hasta que logré que alguien me llevara a Nairobi. Entretanto, aquella panda de incompetentes del Frente Revolucionario Varagunzi, o algo así, recorrían como una estampida el centro de África buscándonos hasta debajo de las piedras. Joder, aquello fue... ¿cómo se dice? Surrealista. Tres meses después me enteré de que Juliano había contraído no sé qué parásito intestinal en El Cairo, que le causó la muerte no sin que antes la mujer lo instalara en Dallas en calidad de gigoló. Me envió una fotografía suya; estaba en el balcón de una villa, en albornoz, fumándose un puro. —Clayton Price dio una patada a un guijarro—. Mierda. Como decía Juliano, cuando las cosas se ponen feas, es que se ponen feas de verdad. En fin, de acuerdo: tú vas a Mazatlán, Luz y yo te esperamos aquí.

Danny imaginó saber muy bien qué estaba pensando el tirador y en qué términos lo estaba pensando. Éste confiaba en que Danny no acudiría a los representantes de la ley mientras Luz estuviera con él en la aldea. En líneas generales estaba en lo cierto. La idea de salir de aquel embrollo y de mandarlo todo a tomar viento ya se le había pasado por la cabeza durante la noche anterior. Puede que Luz fuera el amor de su vida en aquellos momentos, pero a lo largo de los últimos meses él había empezado a barruntar algo, a saber, que Luz quizá tuviera un programa propio que no había compartido con él. Ya lo había notado en Puerto Vallarta, y lo había percibido con más claridad a lo largo del disparatado viaje a través de México, y era algo que mucho tenía que ver con el final, como si aquella idea que obedecía al título de «Luz & Danny» se empezara a rizar como una hoja seca en los otoños de su adolescencia, allá en Kansas. A pesar de los pesares, a ella no podía hacerle eso, no podía largarse y dejarla tirada en un sitio llamado Zapata, en compañía del príncipe de las tinieblas.

Un viejo y destartalado vehículo verdoso, del estilo

de los autocares escolares, llegó a la aldea a mediodía: sobre el parabrisas llevaba el rótulo «Mazatlán» escrito a mano. Debajo incluía una lista de las aldeas en las que hacía parada a la ida y a la vuelta, incluida Zapata. Luz y el tirador acompañaron a Danny a coger el autobús; Danny llevaba bajo el brazo la bomba de la gasolina estropeada en una bolsa de papel de estraza y los miró a los dos por la ventanilla cuando el autobús dio la vuelta y salió de la aldea traqueteando por las callejuelas adoquinadas entre gemidos y chirridos, rumbo a Mazatlán. Y en ese instante, al verlos a los dos juntos, se le ocurrió que Luz hacía mejor pareja con el tirador que con él, caso de que hiciera buena pareja con alguien, caso de que en realidad perteneciera a alguien.

El autobús descendió las estribaciones de Sierra Madre para volver al llano. Dejó atrás las aldeas, los perros que merodeaban o dormitaban sobre el polvo, perros entre castaños y rubios, con llagas y ojos tristes, patas largas y hocico alargado. Debía de existir una raza que se llamara «perro de aldea mexicana». En el puesto de inspección, al este de Concordia, el autobús pasó sin detenerse. Allí estaban los mismos cinco hombres de la otra vez, en posturas casi idénticas que la tarde anterior, como un cuadro al óleo abandonado en medio de la campiña mexicana.

En Concordia todo cobró un aspecto más ominoso. Danny vio un automóvil blanco y negro aparcado en la cuneta, un coche patrulla, junto a dos camionetas Dodge y dos Suburban negros. También había un furgón policial y una camioneta Dodge blanca del todo. *Federales*, policía, tres gringos conversando. Y todos ellos armados hasta los dientes.

El autobús de Danny tuvo que detenerse un momento; un camión lleno de soldados atravesó la carretera y se paró cerca de los demás vehículos. Un gringo de edad madura, con una chaqueta de safari manchada de sudor y un megáfono en una mano, subió al capó de una de las camionetas y comenzó a hablar a los presentes. Debajo de él, otro gringo vestido con una cazadora traducía sus palabras al castellano.

Danny no llegó a entender lo que decían. Estaba pensando en el hombre flaco y de pelo entrecano y en la joven y suave mexicana que había dejado en Zapata. Allí se estaba reuniendo una maldita fuerza lista para una invasión que tarde o temprano subiría a las montañas y llegaría a Zapata, más temprano que tarde, puede que antes incluso de que él regresara con una bomba de la gasolina para reparar un Bronco que tenía veinticinco años de antigüedad.

El cambio de marchas diferencial del autobús sonaba como el percutor de una pistola que lentamente fuera amartillado mientras rodaba hacia el oeste camino de Mazatlán, bajo la inmensa cúpula de lo que a Danny cada minuto que pasaba le recordaba a un cosmos hostil.

Danny había pasado por Mazatlán años antes, pero no tenía más recuerdo que el de una población bastante grande, llena de turistas y de industria pesada y de barcos de carga. Las agencias de alquiler de vehículos disponían de múltiples modelos preparados para circular por cualquier terreno, de modo que los turistas pudieran arrasar todas las playas de la zona. Tomó un taxi que le condujo a una delegación de Hertz en la zona de los hoteles de lujo y allí preguntó adónde llevaban a reparar los todoterrenos y demás coches de alquiler; añadió que buscaba un recambio para el motor de su coche. La simpática mexicana que le atendió le indicó adónde debía ir, para lo cual tomó otro taxi.

El mecánico miró la bomba de la gasolina y sacudió la cabeza: no tenía *bomba de gasolina*, al menos por lo que Danny llegó a entender. Los dos hablaban a trancas y barrancas en lenguas distintas y no se entendieron demasiado bien. Un hombre que estaba por allí se acercó a ver si podía servir de ayuda e hizo las veces de intérprete: la bomba de la gasolina era un modelo antiquísimo, y sólo podría encontrar una así en algún desguace, tal como Danny ya había supuesto. Después de que le indicaran cómo llegar a un enorme cementerio de coches que había en las afueras, Danny volvió a su taxi. Pero cuando por fin lo localizó, ya habían cerrado hasta el día siguiente.

El taxi le dejó en el Hotel Belmar, uno de los primeros establecimientos hoteleros de Mazatlán: era un espléndido edificio antiguo de azulejos decorados, madera noble y carteles que anunciaban festejos taurinos en las paredes. Cuando se hizo de noche echó a caminar hacia el norte por la orilla del mar, hasta llegar a la linde del barrio turístico. Había muchachotes norteamericanos por todas partes, comportándose como perfectos gilipollas. Dio la vuelta y encontró un pequeño restaurante cerca del hotel. La sopa de pescado estaba excelente, y se quedó un buen rato después de haber tomado café.

Al regresar al hotel compró un periódico en inglés. El artículo aparecía en primera plana: SE BUSCA ASESINO POR TODO EL PAÍS. Informaba de casi todo lo que ya sabía Danny, y seguía diciendo así:

> Una de las víctimas, George Cooper, era ingeniero informático de Frontier Science, Sociedad Anónima, con sede en Dallas, Texas. La otra víctima, el Capitán L. K. Reece, de la Armada de los Estados Unidos, recibió una herida mortal en el cuello. Se cree que ambos crímenes son obra de un asesino profesional. Según apunta una fuente estadounidense que no ha querido identificarse, el asesino es un ex sargento de los marines que fue muy conocido durante la guerra de Vietnam por su mortífera puntería con toda clase de armas de fuego, así como por su total carencia de sentimientos a la hora de matar a

quien fuese. Dicha fuente lo ha descrito como «concienzudo e implacable en las funciones que asume. Es mortífero, un hombre que carece de sentimientos normales en un ser humano, al cual tan sólo le importa su propia supervivencia y la tarea que haya de llevar a cabo». Esta fuente de información ha declinado revelar el nombre del sospechoso, e incluso declina explicar por qué se le considera sospechoso. Las autoridades mexicanas al principio intentaron ocultar todas las informaciones a propósito del incidente, pero ahora han especificado que el sospechoso está armado hasta los dientes y que es preciso considerarlo una persona sumamente peligrosa. Todas las ramas de la policía mexicana, así como el ejército y diversos representantes de las agencias gubernamentales de Estados Unidos, cooperan actualmente para dar caza y captura al sospechoso.

Al anochecer, los niños y niñas de Zapata correteaban por las calles y cantaban una vieja canción popular mexicana: «Cuando salía el sol / ayer por la noche / un ciego se puso a escribir / lo que le decía un sordomudo.»

Al anochecer, las mujeres de Zapata rezaban así: «Dios te salve, María, llena eres de gracia. El Señor es contigo...» El rosario. Y al unísono llegaban los rezos por las puertas abiertas de la iglesia, y casi se propagaban por la plaza, aun cuando no llegaran a oírse tan lejos en el aire aquietado del anochecer. Si hubieran acudido más mujeres a rezar, a pedir a María que intercediera ante Jesucristo su hijo, tal vez el rumor de las oraciones se hubiera propagado hasta más lejos, pero sólo había siete mujeres arrodilladas cerca del pasillo central.

Clayton Price se quedó en una de las entradas laterales de la iglesia y observó a las mujeres, escuchó sus plegarias y las de Luz María, que no tenía rosario para llevar la cuenta de las avemarías, a pesar de lo cual se había unido a las mujeres tras pedir prestado al tirador su pañuelo azul con un estampado de medias lunas, con el que se cubrió la cabeza. Las mujeres ya la habían mirado de reojo a ella y al gringo, aunque siguieron con sus rezos mientras Luz María miraba una, dos veces por encima del hombro al hombre flaco y alto que estaba a contraluz en la puerta. Clayton Price notaba el calor del sol en los hombros aun cuando el sol ya estaba bajo. Dentro de las gruesas paredes de adobe de la iglesia el aire estaba más fresco, y olía densamente a aceites y a incienso, a los pecados que fueron perdonados mucho antes de que terminase el día en la *cordillera* mexicana, mucho antes de que Clayton Price llegara a sostener un arma en las manos.

La familia de Clayton Price nunca se distinguió por ser especialmente religiosa, más bien al contrario, aunque él rezó una vez... rezó para que le fuera dado morir, y lo hizo más con la mente que de palabra, ya que no logró emitir nada con la lengua y la garganta reseca, en el momento en que, desnudo, estaba atado a un armazón de bambú y fue torturado de forma tan repugnante que más tarde arrinconaría esos recuerdos en un hueco de su memoria, donde permanecerían estancados, sin posibilidad de revivir a menos que él decidiera conscientemente rememorarlos. Las cicatrices de su cuerpo sí hacían notar su existencia, y se empeñaban en obligarlo a recordar, pero no bastaba con eso: él sabía cómo desenfocar la mirada hasta que las cicatrices le resultaran invisibles en todos los espejos frente a los que pudiera encontrarse.

Escuchó las voces de las mujeres y prestó atención a los mínimos estremecimientos que notó en su interior, algo que ansiaba sentir, aunque al mismo tiempo le desagradaba la sensación de fragilidad que parecía proceder directamente de esos sentimientos. Escuchó y observó a Luz María, y pensó en ella y la recordó cuando se bañaba el día anterior en el arroyo. En aquel momento vio la piel suave y morena, las vértebras que sobresalían en su espalda cuando se inclinaba, y el pecho que dejó entrever tan sólo un instante mientras dibujaba una sonrisa. Y recordó la impresión que le había causado su cuerpo, las cosas enterradas desde antiguo en lo más hondo de su ser, que sin embargo salieron a la luz cuando la vio de esa guisa.

Si no hubiera encontrado aquel pedazo de alambre en el suelo de una choza en Camboya, si no le hubiera dado el uso que le dio la noche en que escapó, y si cuando se marchaba no hubiera segado casi por completo el gaznate de un hombre que lo había torturado, posiblemente nunca hubiera vuelto a tener sentimientos de esa clase. Y es que aquellos hombrecillos de negro le habían pinchado la región anal con una caña de bambú afilada, habían esgrimido un cuchillo delante de sus narices y con la punta le habían señalado los testículos, diciendo «mañana» en la lengua de él y emitiendo un ruidito semejante al del corte del cuchillo, sin dejar de reírse entretanto.

Algo de eso hubo también en lo sucedido el día anterior en el restaurante de la playa de Teacapán, cuando los *hombres* se mofaron de él. Eran las mismas caras deformadas, las mismas sonrisas mezquinas: «Más tarde te haremos unas cuantas cosas», eso daban a entender. A lo largo de la vida había aprendido a rehuir esas situaciones cuando no había nada en juego, había aprendido a dejarlas pasar y a largarse, a veces acompañado por las risas de quienes lo llamaban cobarde o cosas peores. En su oficio era preciso no llamar la atención de nadie sobre uno mismo, y menos aún sobre la propia destreza..

Sin embargo, los antiguos recuerdos de la selva y el instinto de sobrevivir eran tan sólo una parte de las razones por las cuales hizo lo que hizo bajo la techumbre de Teacapán, a la orilla del mar. Parte de ello había sido Luz María, pues no le hizo gracia que lo vilipendiaran de esa forma delante de ella, y ahora no estaba seguro de haberse mostrado solamente protector, como podría haberlo sido un padre, o bien de haberse portado con orgullo, de haberla escudado tal como hacen todos los hombres que se lanzan a pelear por una mujer que desean tener solamente para sí. A Danny le había mentido cuando dijo que si los ocho *hombres* hubieran ido a por él todos a la vez, las cosas habrían sido muy diferentes. Tal vez se hubiera dado una pequeña diferencia, y seguramente se habría llevado algo más que un rasguño en la cara, pero podría haberlos matado a todos con sus propias manos, con la navaja y con las botellas de cerveza, con los machetes que ellos esgrimían, o incluso con la Beretta si el asunto se hubiera puesto feo. El hombre de la nariz partida y el pómulo fracturado en el fondo había tenido suerte; Clayton Price podría haberle sacado los ojos con la misma facilidad con que le partió el pómulo y la nariz.

Y allí de pie, envuelto por los ecos del rosario, recordó el juramento secreto que había hecho más de treinta años antes: que nunca más le importaría nadie, que nunca más se expondría al dolor de que alguien le importase. Pero aquella mujer llamada Luz María estaba arrodillada ante un dios que Clayton Price no comprendía, y el día anterior se había arrodillado ante las tumbas de sus padres y había rezado por ellos, y de nuevo estaba rezando. Y de una forma que no supo aprehender, las oraciones de aquella mujer le parecieron válidas y dignas de respuesta caso de que aquel dios al que rezaba aún tuviera favores que otorgar después de todo lo que se le había pedido a lo largo de los siglos.

Cuando terminó el rosario y se fueron las mujeres, Luz se sentó con él en el primer banco e intentó explicarle en qué consistía el catolicismo, al menos en su faceta más reconfortante y consoladora, a pesar de la insistencia en que las mujeres tuvieran todos los hijos que fuera posible en un país en el que ya eran demasiados los bebés sujetos sobre las caderas de muchachas que tan sólo tenían, como mucho, quince o dieciséis años. El tirador no sabía gran cosa de los católicos, aunque una vez conoció a un jesuita en Venezuela, y se bebió una botella de vino con él. Luz le dijo que eso no contaba, ya que los jesuitas iban a su aire casi siempre, hasta el punto de que poco faltaba para que constituyeran una religión aparte. Eso había dicho su madre después de que un jesuita fuera a la aldea con el fin de recabar fondos para una misión en el extranjero, si bien se fue con las manos vacías al darse cuenta de que a las gentes de Celaya no les sobraba nada.

Clayton Price le dijo lo que le había dicho el jesuita: «No se puede predicar a gentes que tienen el estómago vacío. Primero hay que darles de comer, y luego predicar la religión.»

Luz contestó que estaba de acuerdo, pero que eran muchos los sacerdotes de las aldeas mexicanas que jamás habían terminado de entender esa idea. Casi todos hablaban por los codos sobre lo necesario que era confiar en el Señor y no practicar el control de natalidad, si bien su actitud había ido cambiando discretamente a lo largo de los últimos veinte años. Una vez, el Papa viajó a México en un esfuerzo por renovar el fervor de los feligreses mexicanos, y los sacerdotes fueron a escuchar sus sermones, si bien el Papa no tuvo que vérselas en el sacramento de la confesión con mujeres que ya tenían seis hijos a los que apenas podían mantener. Cuando se marchó el Papa, los curas volvieron a buscar la delgada línea que separaba los ideales de la Iglesia de los planteamientos prácticos que necesitaban para que sus fieles siguieran siendo manejables.

Luz y el tirador se fueron de la iglesia una hora antes de que se pusiera el sol. Recorrieron los tortuosos caminos del pueblo, dejando a uno y otro lado las casas encaramadas a las laderas. Por las puertas y ventanas salía la música de los mariachis, las radios inundaban la noche con el sonido de un México ancestral, un sonido obsoleto que ya nunca iba a volver. Con la música a sus espaldas, siguieron un sendero que llevaba a unas minas de plata ya abandonadas, las minas en otro tiempo que habían hecho de Zapata un lugar preciado para los españoles y, después, para otros europeos. La plata era transportada a lomos de las mulas, cada una de las cuales llevaba dos lingotes de cincuenta kilos hasta la orilla del mar. La mayor parte de la antigua maquinaria había desaparecido, pues la adquirieron los japoneses justo antes de la Segunda Guerra Mundial. Llegaron, se llevaron a Mazatlán lo que quedaba de veta, la enviaron por barco a Japón y allí la fundieron para extraer el metal.

Algunas de las bocas de las minas seguían abiertas. Clayton Price quiso entrar, pero a Luz le pareció peligroso. Él entró de todos modos mientras ella lo esperaba fuera. Luego volvieron a la plaza por una ruta diferente, y pasaron por delante de una casa en donde un joven le cortaba el pelo a un anciano a la luz del crepúsculo. El anciano estaba sentado muy quieto, el joven hablaba en voz baja a la vez que movía las tijeras.

Sólo había un teléfono en el pueblo; estaba en una tienda cercana a la iglesia. El tirador dio dinero al dueño para que le permitiera utilizarlo, e hizo una llamada a cobro revertido. Luz no oyó del todo bien lo que decía, aparte de algo que le sonó a «Tortuga» y la frase «BA, mina de plata», que repitió varias veces. Sin embargo, notó que estaba enojado y que terminó la confererencia prácticamente a gritos. «¡Maldita sea, me lo debes!» Colgó de un golpe y se apaciguó al verla. Volvieron juntos a la cantina.

La mañana de ese día, después de que Danny Pastor se marchara a Mazatlán, Luz María y el tirador almorzaron, aunque era tarde, en el porche de la cantina. Ella se tomó una margarita y él una cerveza.

Ella señaló las empinadas laderas donde faenaban los hombres del pueblo.

—Dicen que en esas laderas un hombre puede matarse si se cae de su campo de maíz.

Clayton Price se rió con el chiste; el corte de machete que tenía en la mejilla sólo le dolió un poco al tensar los músculos faciales. Eran muchas las formas de matarse; caerse de un campo de maíz era probablemente mejor que muchas otras, aunque no sería una forma que un hombre elegiría deliberadamente para morir. La miró a la boca mientras ella le hablaba, y por un instante se preguntó qué sentiría al tocarla y tuvo ganas de tocarla en ese instante, sólo que ella se volvió y lo miró a la cara con sus negros ojos de mujer, en los que se pintaba la posibilidad de que tal vez no le importase que la tocara, cosa que a él le hizo retroceder. Tomó la cerveza, volvió a contemplar los cerros de los alrededores y fingió que seguía sonriendo por lo que ella había dicho, acerca de un agricultor rodando por su campo de maíz.

Desde el porche de la cantina señaló una casa encajada en un pliegue de la ladera, a poco más de un kilómetro de distancia, y dijo que no le importaría nada vivir allí, llevar una tranquila vida de campesino. Los ojos le brillaban con luz tenue, y dijo que a veces le entraban ganas de tener tan sólo cinco años y toda la larga alfombra de la inocencia aún por recorrer. Dijo que se sentía como un pájaro solitario que trazara círculos sobre las lagunas, en otoño, en busca de un buen sitio donde posarse; que lamentaba que ya no hubiera tardes de domingos que pasar en el parque con los niños, ni partidas de béisbol vespertinas, ni una boda en la que él llevara al altar a su única hija. Nada de eso: nada de mecerse en un porche, mirando al sur al atardecer, con una tónica con ginebra en la mano y saboreando un día de trabajo bien hecho, en el que no se propuso hacer ningún daño y en el que ningún daño hizo a nadie.

Le habló de uno de los sueños recurrentes que había tenido muchas noches a lo largo de su vida: se lanzaba desde un trapecio y daba un salto mortal en el aire, pero la barra en donde debiera estar el compañero que lo recogería siempre estaba vacía. El sueño siempre terminaba igual: se estampaba contra el suelo cubierto de serrín y se quedaba tendido, con los huesos rotos y medio muerto, mientras el público aplaudía a la vez que abandonaba la carpa del circo.

Luz le dijo una vez más cuántas ganas tenía de vivir en Estados Unidos, hasta el punto de que haría cualquier cosa con tal de llegar al *Norte* y disfrutar de todas las cosas buenas que había visto por televisión. Él le preguntó por qué no se había casado Danny con ella, por qué no la había llevado allá. Y ella le dijo que a Danny no le interesaba casarse con ella ni con nadie, y menos aún poner rumbo al *Norte* con una mujer enganchada del brazo.

Clayton Price no era idiota. Buena parte de su oficio consistía en conocer a fondo el comportamiento humano, y por eso sabía que cualquier rollo duradero como el que llevaban Luz y Danny desde dos años antes exigía de ambas partes un parasitismo mutuo, un equilibrio aproximado entre las ganancias y las pérdidas de cada uno. No era solamente que un gringo despiadado y exiliado se dedicara a sacar buena tajada de una jovencita mexicana. ¿No ganaba Danny el sustento de ambos? ¿No vivía ella con él de buen grado? ¿No bailaban de noche entre las mesas del Mamma Mía? ¿No sacaba Luz algo del trato?

Le preguntó qué sabía ella de Estados Unidos. ¿Había comprendido cómo la tratarían allá arriba si estuviera sola? A todo esto, ¿había entendido cómo la tratarían aun cuando saliera con un gringo, suponiendo incluso que ese gringo hubiera sentado la cabeza y por fin hubiera aprovechado la educación y las posibilidades que había pagado con *dinero* norteamericano?

Ella creía haberlo entendido y procuró explicarle qué haría. Él sin embargo le dijo que una de dos: o disponía de dinero suficiente para poder mandar al infierno a todo el que se molestara por su acento y por el color de su piel, o tendría que desarrollar un armazón psicológico capaz de aguantar esa clase de actitudes a las que tendría que hacer frente, aunque más en unas regiones del país que en otras. Luz dijo que todo eso no supondría ningún problema, que ella podría vérselas con todo lo que se presentara. Sin embargo, estaba pecando de ingenua, y Clayton Price lo sabía muy bien. Con eso y con todo sintió lástima por ella, lástima y algo más que en ese momento no supo precisar, allí sentado en el porche de la cantina, charlando con ella y mirando sus ojos negros y toda su feminidad.

Así pues, le habló del sitio del que él venía, allá en el norte de Minnesota, un sitio en medio del bosque y próximo a la frontera con Canadá, tranquilo y muy cerca de las frías aguas por donde navegaban en tiempos los grandes barcos cargados de mineral. Le dijo que podía ir y quedarse allí si lo desease, si de veras le apeteciera, y añadió que él disponía de no pocas formas de ayudarle a salvar la tupida maraña que encontraría en Laredo o en Nogales, o en el sitio que eligieran para cruzar la frontera. Él pasaba la mayor parte del tiempo allá en el norte, al menos según dijo. Lo que en cambio no le dijo fue que quizá no pudiera volver allá en aquellos momentos, aun cuando recogía la correspondencia en una ciudad situada a ciento cincuenta kilómetros de su refugio, como elemental precaución para salvaguardar su secreto. Los cazadores que iban tras sus pasos no eran tontos; podrían encontrarlo.

Tenía otro sitio que había descubierto en una de las rutinarias excursiones de descanso cuando aún estaba en el ejército. Estaba en una isla frente a Phuket, setecientos kilómetros al sur de Bangkok. El paraíso, dijo, y le describió la vida relajada que allí se podía llevar. Luz no sabía dónde estaba Tailandia, ni menos aún Bangkok, y para qué hablar de Phuket, si bien aquello le sonó de maravilla.

La miró directamente a los ojos y se sintió reconfortado por el modo en que ella lo miraba, así que comenzó a contar cosas de la cabaña de Minnesota en verano y de Phuket en invierno. Y a Luz aquello aún le sonó mejor; en su interior ya oía el estruendo de las turbinas de un avión a reacción. Y se imaginó vadeando las frescas aguas del norte con el calor del verano, y adornándose el pelo con flores y bailando rumbas sobre la blanca arena de un remoto lugar llamado Phuket, que estaba al sur de otro sitio llamado Bangkok, que ella no había visto nunca en un mapa y del que tampoco había oído hablar en toda su vida. Para una mujer que salió a duras penas de una pequeña, polvorienta aldea llamada Celaya, no estaría del todo mal; también había dejado atrás a los *hombres* de la aldea que tan sólo querían tumbarla y darle hijos cuando sólo tenía quince años, los había dejado atrás, asfixiados en la polvareda.

Y más tarde, al rezar el rosario y mirar por encima del hombro al gringo que se había quedado en el umbral de la iglesia, siguió pensando en el lago de agua fresca y en las arenas de Asia, y pidió a la Virgen María que intercediera por ella y le ayudara a viajar a aquellos lugares.

Después del rosario y del paseo hasta las minas de plata, de nuevo tomó asiento en el porche de la cantina con aquel hombre que se había hecho llamar Peter Schumann, aunque en ese momento le dijo que no era verdad, que su verdadero nombre era Clayton Price. Ella le preguntó más detalles de su cabaña en el bosque, le preguntó si necesitaría un chal abrigado cuando llegara el mal tiempo, le preguntó qué dirección tomaría el avión cuando se dirigira a Phuket.

En ese mismo momento del crepúsculo, cuando él le

sonrió y le dijo que necesitaría bastante más que un chal abrigado, una exclamación colectiva de admiración, brotó del grupo de *hombres* que estaban cerca de la cantina. Por detrás de las casas de adobe, del este de la aldea, contoneándose sobre los adoquines, apareció una *señorita* de unos catorce años, con unos pantalones vaqueros desteñidos con las perneras arrolladas hasta la rodilla, unos zapatos negros y unos calcetines negros. Era preciosa de cara y tenía un cuerpo no menos espléndido, sabía muy bien que lo tenía; al contrario que Luz a su edad, no le daba miedo insinuar promesas a los *hombres* que siguieron emitiendo murmullos de aprobación en el tono de voz justo para que la *señorita* los oyera.

Pero cuando ella hubo pasado frente a ellos sonriendo y mirando al cielo, el rumor de los *hombres* cambió de tono y se hizo más bajo, sordo y libidinoso. Todos siguieron con la mirada el meneo de su trasero y la vieron encaminarse a la plaza y sentarse en un banco con dos mozos de su edad, que sólo deseaban tener el dinero suficiente para jugar al Nintendo que había en el comercio cercano a la iglesia. Y los hombres reunidos junto a la cantina siguieron mirándola sin perder detalle, tanto los más jóvenes, que la examinaban con despreocupación, como los mayores, que sopesaban las posibilidades de la situación después de que ella hubiera tenido un niño o dos de alguno de sus *amigos*, momento en el cual quizás empezara a buscar un poco de variedad más allá de su marido. Asimismo, confiaban en que un buen día no apareciera por el pueblo un gringo rico que comprobara con sus propios ojos aquellas mismas posibilidades y que le brindase a la chica por espacio de una o dos semanas mucho más de lo que cualquier lugareño podría depararle a lo largo de la vida entera. Quizá le ofreciera incluso un viaje a las blancas arenas del sur de Tailandia, o alguna otra cosa de valor semejante.

No obstante, las muchachas de pueblo que sueñan

con algo más que con barrer el suelo de tierra batida durante toda la vida y aguantar una paliza semanal de su marido (que le pegaría sólo por si acaso y para dejar bien claro quién era el que llevaba los pantalones) deben hacer lo que es necesario. Así, Luz sabía muy bien que ella era un punto manipuladora, pero al mismo tiempo, sentía algo muy genuino y muy femenino hacia ese hombre, hacia Clayton Price.

Él hablaba con ella de manera muy abierta, como a veces hablan los hombres con las mujeres, diciendo cosas que jamás dirían a otros hombres.

—Antes tenía la sensación de controlar las cosas, de que nada podía alcanzarme siempre y cuando actuara con astucia y con inteligencia. En estos últimos años he empezado a sentirme vulnerable, y no estoy muy seguro del porqué... Puede ser la edad, puede que la edad tenga estos efectos. Empiezas a mirar atrás y comprendes que no vas a dejar nada más que un rastro de cadáveres en la jungla y en algunos callejones repartidos por todo el mundo. No me arrepiento de todo lo que llevo hecho, pero sí de lo que he dejado de hacer. Ahora que lo pienso, me habría gustado tener esposa e hijos, pero de ninguna manera podría haber hecho todo lo que he hecho estando casado. No habría funcionado nada bien, ¿a que no? ¿Te imaginas? «Mi padre es agente de seguros, ¿y el tuyo?» «Ah, el mío es un francotirador; mata a la gente por la espalda disparando desde lejos.»

Luz le tomó de la mano cuando dijo eso, y le pareció ver que una lágrima asomaba a sus ojos. Fuera lo que fuese, se le secó enseguida. Siguió hablando de su vida, de su infancia en Brooklyn, cuando quería ser montañero o, si no, lanzador en el equipo de los Brooklyn Dodgers, y de cuando se fue a Minnesota. Se le había formado una costra en la herida de la cara, y tenía mal aspecto. Luz sentía por él una lástima muy profunda, y por raro que fuera también sentía que en cierto modo lo amaba.

Y asimismo notaba que en él había algo que la excitaba sexualmente y que la hacía sentirse casi sumisa, como si él la dominara y a ella no le quedara más remedio que quedarse allí con él, o bien ir con él adonde él dijera.

Él le habló despacio.

—Cuando estaba de pie en la iglesia, escuchándote y escuchando al resto de las mujeres recitar el rosario, algo se me removió por dentro. Siempre me he tenido por hombre duro e invulnerable, y eso tiene mucho que ver con la infantería de marina. Era preciso creerse poco menos que invulnerable para internarse por la selva, ocultarse durante una semana entera entre los cañaverales y acabar con la vida de otras personas. En cambio, algo noté en las voces de las mujeres, en la iglesia, en cómo te quedaba mi pañuelo anudado a la cabeza; fue algo que... Por un instante deseé de veras que mi vida hubiera sido la de un sencillo campesino, como la de los hombres de Zapata que a diario regresan de los campos y toman asiento a la entrada de sus casas, en los peldaños, a charlar unos con otros después de la cena.

Había bebido para entonces tres cervezas, y Luz le había emulado, botella tras botella, charlando sin perder de vista a las parejas de adolescentes que todas las noches a esas horas daban una vuelta por la plaza y tomaban asiento en los bancos. Más tarde, después de cenar tres tortillas blancas con tajadas de *cabrito* y salsa, atravesaron el patio camino de sus habitaciones. Luz tomó de la mano a Clayton Price y le sorprendió lo fuerte que era, mucho más fuerte de lo que había supuesto, ya que sus manos le parecieron más bien delgadas cuando las veía posadas sobre la mesa de la cantina. Se detuvo y lo miró a la cara; vio la ristra de bombillas de colores colgadas encima de ellos dos. Unas estaban prendidas, otras fundidas o apagadas, y una parpadeaba indecisa.

En el patio no había nadie que la viera ponerse de puntillas, tomar la cara de Clayton Price entre ambas manos y acercársela; nadie la vio besarlo con dulzura, despacio, ni mover las manos para desabrocharle la camisa y acariciarle el vello y la piel de los pectorales. No sin algo de torpeza, él le devolvió el beso y le acarició el pelo con ambas manos, como si pretendiera sopesarlo: lo hizo durante tanto tiempo que fue como si nunca hubiese tocado siquiera el cabello de una mujer.

Cuando llegaron a su habitación, Clayton Price abrió la puerta y Luz entró con él. Lo desvistió, se desnudó ella después y se tendió a su lado. Era blanco, anguloso y menos amenazador que con la ropa puesta: no le pareció tan alto ni tan poderoso como antes. Ella le tocó, y él la tocó también, sólo que de forma indecisa. Ella le tomó la mano derecha y se la depositó sobre su seno sin dejar de pensar en todas las armas que él habría empuñado con esa misma mano, en el dedo índice que habría accionado tantos gatillos, en el pulgar que habría amartillado los percutores. En el pulgar tenía un callo. La excitó de una manera bastante extraña pensar que esa mano estaba tocando su seno.

Y aunque hizo todo lo posible y le habló con ternura, aunque lo acarició con ambas manos y lo lamió en todos los puntos apropiados, aunque le recorrió con la yema de los dedos toda la largura de sus cicatrices, algunas de las cuales le nacían a medio muslo y le llegaban directamente hasta su virilidad, el tirador no fue capaz de tener una erección y de amarla. Ella quería que lo hiciera, lo deseaba hasta más no poder; anhelaba de una manera casi desconocida sentir qué experimentaría al hacer el amor con un hombre que con un arma en la mano era capaz de hacer lo que hacía, logrando que otros se desplomaran gracias a su fuerza y su destreza. Estaba húmeda, medio muerta de ganas; a la vez que lo deseaba, le inspiraba lástima; al mismo tiempo, se encontraba dominada por él, como si fuera mujer, madre y niña de golpe.

Sin embargo, en el tirador había partes de su cuerpo y de su alma tan desatendidas desde antaño, que incluso al presentarse la ocasión y al aparecer cierta especie de trémulo deseo, la suma de dichas partes no alcanzaba a ser el todo indispensable, y su ánimo flaqueó ante la perspectiva que se abría ante él. No llegó a empalmarse, así que se tumbó boca arriba y miró al techo durante un buen rato. Luego dijo que quería dormir. Luz le acarició el pecho y luego se abrazó a él hasta quedarse dormida a su lado. El sábado por la mañana, cuando despertó, él se había ido. Luz se vistió y lo encontró sentado en un banco de la plaza, contemplando la vieja iglesia mientras una mujer con una azada y una bolsa de plástico iba de un lado a otro, gritando «¡Vamos!» y espantando a los cerdos para recoger el estiércol depositado sobre los adoquines.

Y durante todo el tiempo que Danny estuvo ausente, Luz vio otras dos cosas. Observó a Clayton Price engrasar la Beretta, y después le contó a Danny cómo la manejaba con seguridad y facilidad, con tacto leve y veloz. El tirador también guardó sus cosas en la mochila, y ella supuso que con ello se preparaba por si fuera preciso salir corriendo de Zapata. Danny le preguntó por la pistola que le había visto guardar al tirador después del tiroteo de Puerto Vallarta. Luz contestó que no había ningún arma en la mochila. Así pues, Danny supuso que el tirador no deseaba que lo sorprendieran con el arma encima, y que seguramente se habría deshecho de ella o quizá la habría ocultado en el Bronco. Revisó a fondo el Bronco, pero no encontró el arma. Le preguntó a Luz qué más había descubierto , y ella le dijo que el verdadero nombre del tirador era Clayton Price.

LOS LUNES NUNCA LLEGAN

El propietario del desguace de autos estaba impaciente. Era sábado, y al día siguiente se celebraba la versión mexicana del Día de la Madre, por lo que habría una fiesta en honor de la Virgen. Danny buscó y rebuscó una bomba de gasolina mientras el dueño lo seguía muy de cerca, dándole la lata para que se dejara de bobadas y volviera el lunes. «*Ándele, ándele.*» Danny sabía que el lunes nunca llegaría. El martes puede que llegase, el lunes desde luego que no. El *hombre* estaría resacoso después de la *fiesta,* y probablemente ni siquiera abriría su negocio un «San Lunes», que así se llama ese día en México.

—*Un momentito, por favor, encontrar bomba de gasolina* —decía Danny continuamente en un español pésimamente chapurreado, procurando ganar tiempo mientras revolvía los recambios amontonados y se metía hasta el cuello bajo el capó de los viejos camiones Ford, en busca de algo que le sirviera. En un extremo del solar, donde crecían en desorden las buganvillas, descubrió un primo de Vito chafado como un acordeón, un Bronco más oxidado y deteriorado que el propio Vito. Sin embargo, bajo el capó encontró una bomba de gasolina en condiciones razonablemente pasables, un poco herrumbrosa, pero en principio aprovechable. Danny la compró por dos dólares, y por otros diez se llevó dos bidones de veinte litros para llenarlos de gasolina y sujetarlos en el maletero de Vito.

Tomó un taxi que lo condujo a la estación de autobuses y llegó justo a tiempo de subir al último autobús de Zapata cuando ya salía. Después de dos horas, durante las que el vehículo se detuvo en la mayoría de las aldeas que había por el camino, Danny saltó sobre los adoquines de Zapata y se dirigió al lugar en que había aparcado el Bronco, con los bidones vacíos resonando al caminar.

Luz y el tirador estaba sentados a la sombra en el porche de la cantina, y lo vieron llegar.

—¡La tengo! —gritó Danny sosteniendo en alto la bolsa de papel de estraza al verlos acercarse por la calle.

A Danny le hizo falta el resto de la tarde para instalar la nueva bomba de la gasolina. Cuando terminó, estaba acalorado y sucio de grasa, y más bien hecho polvo. Luz y el tirador, que estaban frescos y descansados después de haberse dado un baño, se quedaron mirando a Danny mientras éste maldecía y apretaba tuercas aquí y allá, hasta dar por terminada la reparación y cerrar de golpe el capó. Arrancó el motor, que aún emitía un ruido tremendo, aunque no parecía peor que la última vez. Los tres dieron una vuelta de prueba alrededor del pueblo y salieron a la carretera. Regresaron al cuarto de hora y Danny dijo que el Bronco estaría en condiciones de llevarlos al mismísimo infierno, si es que al infierno tenían que ir.

Así pues, ¿emprenderían viaje al día siguiente?

No. Luz deseaba celebrar la Festividad de la Virgen con la gente del pueblo, y el tirador dijo que no había inconveniente.

—¿Lo dices en serio? —respondió Danny. Acto seguido refirió lo que había visto en Concordia, aquel pequeño ejército con policías gringos incluidos, y quiso saber qué demonios pensaba el tirador al respecto.

—No me sorprende. Me lo esperaba.

—¿Saben quién eres?

—Puede ser. Depende de con quién hayan hablado. Esta operación quizá no ha sido lo bastante discreta.

—No, lo que quiero decir es si saben qué aspecto físico tienes.

—Puede ser. El estamento militar y otras ramas del gobierno disponen de sus propios archivos, llevan buena cuenta de las personas que han trabajado para ellos. En este oficio cada uno tiene sus rasgos distintivos, su propia marca, por más que intente no dar la nota.

El tirador no dijo nada más, salvo que pasarían el día siguiente en guardia, procurando que nadie se fijase en ellos, y que pensaran en largarse el lunes. Danny recordó lo que había dicho el tirador sobre la chusma de Las Noches y el estilo de vida que llevaban, tan propio de los kamikazes, y hasta al cabo decidió que el tirador se había pasado a su bando y Luz tal vez también, y que se llevaban al propio Danny Pastor como un simple cómplice algo reacio. Por un instante procuró repasar sus conocimientos sobre esa tendencia conocida como pulsión autodestructiva, pero la idea le abrumó y la dejó estar.

Cenaron a eso de las nueve y Danny se fue enseguida a la cama; estaba tan cansado que incluso le costó conciliar el sueño. Por la ventana vio relámpagos a lo lejos, sobre los montes del este. Luz y el tirador se quedaron a charlar tranquilamente afuera, en la balconada. Danny no logró captar lo que se dijeron. De noche, Danny despertó con frío, temblando. Se dio la vuelta para acurrucarse contra Luz, pero ella no estaba allí. Se sentía tan fatigado que ni siquiera se paró a pensarlo, y se durmió de nuevo.

Danny se levantó poco después de que rayara el alba y contempló durante unos momentos las sábanas arrugadas, tratando de averiguar qué encerraba aquel vacío. El viento se levantó y una lluvia suave comenzó a caer filtrando la tenue y amarillenta luz del amanecer. Los árboles se inclinaban levemente y la lluvia se derramaba sobre los valles, sobre las tejas y los caminos sin asfaltar, sobre las calles adoquinadas de Zapata. El agua corría por los tejados y por los adoquines, por las calles, hasta llegar al fondo de los valles. Frente a su ventana había una ponciana cuyas flores rojas estaban empapadas y goteaban. Sin embargo, aún faltaban varias semanas para que comenzaran las lluvias de verdad, y el chaparrón al rato quedó reducido a una fina llovizna.

Cuando se hubo vestido, el viento y la lluvia habían cesado y la bruma se levantaba en los valles. El dueño de la cantina les había enseñado a prepararse el café en caso de que no hubiera nadie en la barra a primera hora de la mañana, tal como solía ocurrir. La cafetera estaba medio llena y pasablemente caliente; se sirvió una taza y salió a la calle. La gente ya se había levantado y circulaba de un lado a otro llevando flores en dirección al pequeño cementerio situado al norte del pueblo. Al cabo de un rato, Luz y el tirador vinieron caminando desde allá. Habían estado en el cementerio, donde Luz rezó una oración por su madre. Se habían guarecido bajo un árbol hasta que escampó.

¿Quería Danny ir a misa con ellos?

¿Qué? ¿A misa?

Se imaginó al tirador arrodillado, asegurándose de que no se le viera la Beretta al subírsele la pernera del pantalón. Pero hablaban en serio; Luz dijo más tarde que Clayton Price había dejado el arma en su habitación cuando fueron a la iglesia.

Repicaban las campanas de la iglesia, era domingo por la mañana y los fieles se habían congregado a la puerta del templo, saludándose unos a otros antes de entrar. Danny permaneció en el porche de la cantina y se tomó el café, sin dejar de imaginar los pequeños ejércitos que se reunían para rodearlos, tomando una por una todas las carreteras, uno por uno todos los pueblos y aldeas. Al otro lado de la plaza vio a Luz y al tirador entrar en la iglesia; Luz llevaba un sombrerito de paja con una cinta negra, y un ligero vestido amarillo que le quedaba justo por encima de las rodillas. El sombrero había salido de uno de los comercios del pueblo. El vestido lo había hecho una de las mujeres del pueblo especialmente para ella; se había pasado todo el sábado cosiendo hasta entrada la noche para terminarlo a tiempo, pues el tirador le había prometido el doble del precio habitual.

Al cabo de un rato, Danny se acercó a la puerta principal de la iglesia a echar un vistazo. El sacerdote sostenía el cáliz en alto a la vez que pronunciaba unas palabras. Los fieles contestaban a sus preces. A espaldas del sacerdote había una inmensa cruz. Una luz crepuscular se filtraba por los vitrales, dando una tonalidad anaranjada al Cristo crucificado. Los hombres mueren por buen número de razones, ya sean las suyas o las de otro.

Luz y el tirador estaban a mitad de la nave, en los bancos de la derecha, de pie con el resto de los lugareños. Ella lo había tomado del brazo. Joder con el Cristo crucificado de allá enfrente, pensó Danny: parecían los jóvenes novios que había visto remoloneando por la plaza a la luz azulada del atardecer. De nuevo intentó pararse a pensar en qué coño de transiciones personales estaban produciéndose, y por qué coño estaban aún en Zapata como si no pasara nada. Sobre todo, pensó en por qué demonios seguía allí Danny Pastor. Puede que por miedo. Puede que por otros motivos. Puede que por una especie de lealtad hacia Luz o, Dios le asistiera, hacia Clayton Price, por el puro empeño de cumplir su parte del trato hasta el final.

Cuando concluyó la misa, el cura se plantó en la puerta de la iglesia con sus acólitos y estrechó la mano de los feligreses a medida que se despedían. Sonrió y habló un instante con Luz y con el tirador. Danny lo vio estrechar la mano de Clayton Price y se preguntó si no quedaría en la mano del cura un ligerísimo residuo de pólvora; se preguntó si no notaría ese peculiar olor más tarde.

El dueño de la cantina había hablado a Luz y al tirador de la antigua iglesia española que había en las afueras, uno de los muchísimos lugares que en México se llamaban Guadalupe. Planearon una excursión a eso de media tarde. Danny ya estaba para entonces sumido en una incredulidad absoluta, y tenía el ánimo bastante levantisco. La misa, Luz y el tirador cogidos del brazo, una excursión por el campo... aquello era demencial, una «chifladura tremenda», tal como oyó decir una vez a un viejo físico en Las Noches. El físico había formado parte del equipo que en Los Álamos construyó la primera bomba atómica de características manejables.

Danny nunca había sabido a qué se refería la expresión «chifladura tremenda», o no lo supo hasta aquella tarde en que salió de Zapata a hacer una breve excursión mientras los guerreros de la primavera estrechaban el cerco en derredor. Todo lo que iban a necesitar era una cesta de mimbre llena de bocadillos, fruta y limonada, pero no tenían semejante cesta. Sin embargo, si Luz lo hubiera pensado y hubiera avisado con tiempo, a buen seguro que el tirador le habría encontrado una cesta de mimbre donde fuera, y quizá se la hubiera hecho traer en un periquete de un establecimiento de la cadena L. L. Bean, junto con unas gafas y un tubo de bucear y un buen equipamiento para escalada.

Las instrucciones para llegar a Guadalupe eran un tanto vagas, pero útiles: había que subir por la carretera, tomar el desvío a Ponuco al ver el letrero, seguir unos ocho o nueve kilómetros por una pista sin asfaltar, excavada en la ladera del monte —un camino repleto de pedruscos de buen tamaño, con la anchura justa para un solo vehículo—, salir de la pista al llegar a un río y seguir a pie el curso del río hacia la fuente.

Cuando hablaron con el dueño de la cantina para confirmar las indicaciones del camino a Guadalupe, Luz oyó a dos hombres que acodados en la barra hablaban de los soldados estacionados en Concordia. Dijeron que se iba a desencadenar una impresionante caza del hombre por todo México, que buscaban a un individuo que había matado a dos tipos en Puerto Vallarta, y añadieron que se habían encontrado los cadáveres de tres *federales* en la gasolinera de la Pemex que había al sur de Mazatlán, de modo que la caza y captura iba a concentrarse en la región. Luz parecía preocupada cuando se lo transmitió al tirador, si bien Clayton Price no dijo nada: se limitó a morderse el labio inferior mientras ella hablaba.

Les costó media hora recorrer los ocho o nueve kilómetros de la pista de montaña. Subieron a una altura considerable; el lado exterior de la pista estaba bordeado de acantilados de trescientos metros. Vito subió con buen ánimo, y luego iniciaron el descenso hacia el valle por el que corría el río. Un Jeep, uno de los modelos más vistosos, típicos de Baja California, repleto de accesorios y decorado con unas intrincadas líneas de colores, a punto estuvo de echarlos de la carretera al doblar una curva sin visibilidad. Era un vehículo caro, nuevecito, con una larga antena que se bamboleaba en la parte de atrás, y llevaba a cuatro jovenzuelos mexicanos con botellas de cerveza en la mano.

—Un todoterreno muy moderno —dijo el tirador—. ¿Cómo es posible que se puedan permitir semejante lujo en estos pueblos?

—Drogas —contestó Danny—. Por todos estos campos se cultiva la marihuana en cantidades industriales. Últimamente, el gobierno ha llevado a cabo unas cuantas incursiones para recortar la producción y la venta, de modo que los cultivadores y traficantes se han dedicado a los robos. Ésa es la principal razón de que se haya incrementado la actividad de los *bandidos* en las carreteras principales. Los cultivadores de marihuana han olvidado cómo cultivar otros productos, o quizás es que no quieren dedicarse a otros cultivos.

Llegaron al río y aparcaron en un lado, sobre un trozo reseco del lecho. Luz aún llevaba su vestido amarillo y su sombrero de paja, aunque en aquel terreno era más adecuado ir con botas y vaqueros. Sus sandalias resbalaban sobre los cantos rodados del río, de modo que se las quitó y se puso a saltar de una roca a otra, buscando las más planas. Danny se dijo que tenía unas piernas estupendas al verla saltar de roca en roca, a la vez que se le alzaba un poco el vestido.

Tuvieron que vadear el río dos veces al verse bloqueados por sendos saledizos rocosos que se proyectaban sobre las aguas. El tirador y Danny lo cruzaron por las rocas del lecho, y Luz hizo lo propio en el primer vado. En el segundo, las rocas que hacían las veces de pasarela estaban demasiado alejadas entre sí. El tirador volvió a donde estaba ella para tomarla en brazos, chapoteando en el agua mientras Luz sostenía las sandalias en la mano, se reía y contraía los dedos de los pies; el dobladillo del vestido le resbaló hasta la parte superior del muslo. Danny empezaba a tener la impresión de que no salía en la foto. Diríase que Luz y el tirador iban poco a poco alcanzando un buen entendimiento a niveles muy elementales. Además, teniendo en cuenta que los estaban buscando, allí se estaba llevando a cabo una especie de negativa psicológica, sólo que Danny no terminaba de emitir en esa longitud de onda. Recorrieron un sendero hasta llegar a un viejo puente que de nuevo cruzaba el río. Luz iba tarareando y el tirador le sonreía como si fuera un colegial.

Al cabo de media hora de caminata y de saltos aquí y

allá, tras cruzar el río una vez más por otro desvencijado puente, llegaron a la vieja iglesia. Aunque a Danny le costó cierto trabajo concentrarse, porque estaba pensando en el lío en que se encontraban, tuvo que reconocer que había algo especial en el hecho de recorrer las ruinas de una iglesia española que tenía más de quinientos años de antigüedad y que estaba allí, en aquel lugar recóndito. La iglesia fue erigida para atender a los trabajadores de un gran complejo minero, y los viejos canales y esclusas, las estructuras de piedra en las que giraban las norias, seguían estando en su sitio: hechas con las piedras del río, daba la impresión de que podrían aguantar intactas otros quinientos años. El techo de la iglesia se había derruido, pero los muros seguían en pie, y el eco de sus voces rebotaba conta las piedras.

—*Hola.* —Los tres se dieron la vuelta en redondo y vieron a un anciano que entraba en la iglesia acompañado por un perro. Le saludaron. El viejo dijo llamarse don José Fierro, y se presentó como «el guardián de Guadalupe», puesto que ocupaba por decisión propia, según supuso Danny. El anciano estaba orgulloso de su iglesia y de su trabajo por más que fuera cosa estrictamente suya: les enseñó los restos y un recorte de diario en el que aparecía una foto suya en medio de la iglesia. Se había publicado tiempo atrás en un periódico para turistas que se imprimía en Mazatlán. Les comentó algunos detalles del lugar, les acompañó en un recorrido por todo el sitio y volvió con ellos a la iglesia para enseñarles una estatua de la Virgen de Guadalupe protegida por una vitrina de plástico y colgada de una pared, allí donde estuvo en tiempos el altar.

Le dejaron veinte pesos y volvieron al Bronco. Al doblar un meandro del río vieron de lejos a un hombre que parecía inspeccionar el Bronco. El tirador se agazapó muy tenso, pero Luz le dijo que tan sólo era un granjero curioso de los alrededores. Desapareció la tensión.

El granjero se mostró azorado de que lo hubieran sorprendido curioseando; Danny le dijo *«Buenas tardes»* de modo afable, el hombre se sintió mejor y los saludó con la mano sonriendo al marcharse.

De regreso a Zapata, el tirador indicó a Danny que aparcase en un sitio donde no estuviera a la vista, en un arroyo de escasa profundidad que pasaba cerca de la posada. Danny ni siquiera preguntó por qué. Fueron al porche de la cantina y tomaron asiento para beber algo y charlar a la caída de la tarde.

Los *hombres* del pueblo habían salido temprano para comenzar las celebraciones de la *fiesta*, prevista para las nueve de la noche. Aún faltaban dos horas. En el lado este de la plaza había dos camionetas aparcadas con los capós repletos de botellas de cerveza ya vacías; los *hombres* remoloneaban alrededor de los vehículos. De pronto apareció un coche de la policía.

—Estaos quietos —dijo el tirador observando el coche—. Si nos movemos, se darán cuenta. Puede que sólo hayan venido para echar un vistazo a los muchachotes y encargarse de que las cosas no se desmadren en una noche de *fiesta.*

El automóvil blanco y negro circuló despacio por la plaza y dejó atrás las camionetas. Uno de los *hombres* alargó una cerveza al policía que iba en el asiento del copiloto, pero éste se echó a reír y lo despachó con un gesto.

Cuando llegaron a donde estaban sentados Danny, Luz y el tirador, el coche redujo la velocidad y se detuvo.

—*Buenas tardes* —dijo Danny como si estuviera de vacaciones y encantado de la vida en general, contemplando la puesta de sol y dando por supuesto que aún era por la *tarde.*

El policía que iba en el asiento del copiloto dijo lo mismo y sonrió.

—¿Qué, han venido por la *fiesta*? —preguntó en un inglés sorprendentemente correcto.

—Sí, seguro que lo pasamos bien. —Danny hizo un gesto hacia Luz y el tirador—. Mi amigo tiene una bella mujer con la que bailar. ¿Les importará a los lugareños que baile yo con alguna de las *señoritas*?

El policía se echó a reír y miró fijamente al tirador, lo miró de forma inequívoca, como si comparase su cara con una fotografía que hubiera visto recientemente. Intentó que no se le notara, pero no estuvo nada fino.

Volvió a sonreír y habló con Danny.

—Desde luego, su *amigo* tiene mucha suerte de bailar con una mujer tan hermosa. Ciertamente, las *señoritas* bailarán con usted si se lo pide cortésmente, y seguro que les agrada que se lo pida. De todos modos, una advertencia: váyanse de la *fiesta* a eso de la medianoche. A esa hora, las andorgas van tan cargadas de cerveza que a muchos se les nublan las entendederas. —Con la cabeza hizo un gesto para señalar a los hombres que estaban detrás del coche—. Y entonces echan mano de las navajas o las botellas rotas en cuanto surge una discusión. Si se tuercen las cosas, seguro que les cuelgan el mochuelo a los gringos que estaban bailando con las lugareñas. Y les garantizo que lo pasarán bastante mal.

—*Muchas gracias* —dijo Danny—, andaremos con cuidado.

—Eso, ande con cuidado, *amigo.* —El policía miró a Luz María—. Lleva un vestido muy bonito, *señorita. Señor*, tiene usted mucha suerte de tener a una mujer tan bella con un vestido tan bonito, sobre todo si usted le importa tanto como parece. —El tirador le devolvió la sonrisa y asintió vigorosamente.

—Nos vamos a casar —dijo Luz sin alterarse lo más mínimo a la vez que cogía al tirador del brazo. Danny empezaba a preguntarse si en el fondo no podría ser verdad.

Los policías siguieron su camino hablando el uno con el otro. Allí donde terminaba la plaza, el conductor miró por encima del hombro, dobló la esquina y salió del pueblo por la carretera de Durango.

—¿Qué piensas? —preguntó Danny al tirador.

—No lo sé. Las cosas siempre son como son, pero no como parecen. En estas situaciones siempre hay cortinas de humo y falsos indicios. Esta noche vamos de *fiesta* y nos largamos mañana por la mañana. Puede que tomemos la carretera de Ponuco que hemos recorrido esta tarde, para intentar dirigirnos al norte por las montañas. ¿Es posible?

—Podría serlo si llenamos los bidones de gasolina adicionales y si estás dispuesto a tardar unos tres años en llegar a la frontera.

—Si ése es el tiempo que se tarda, habrá que conformarse. Ése será el plan C. Y te pagaré más dinero, por descontado.

A Danny no le preocupaba el dinero en ese momento. Le preocupaban bastante más las fuerzas de la ley que a buen seguro recorrían de punta a cabo el estado de Sinaloa como si fueran batidores de caza por un bosque. Le preocupaba que el rostro magro y endurecido de Clayton Price figurase en alguna fotografía que los policías de la carretera de Concordia se hubieran pasado de mano en mano hasta memorizar sus rasgos antes de echarse a las aldeas de los alrededores que celebraban un día festivo en pleno 1993. Y se puso a pensar en lo que el tirador había denominado «plan C».

—Si ése es el plan C, a lo mejor estaría bien que nos comentaras los planes A y B.

—El plan B consiste en asumir los riesgos y tomar las rutas principales. En el plan A todavía estoy pensando, así que ya te lo comunicaré cuando lo tenga bien elaborado. —Entró en la cantina y salió con una margarita para Luz y dos cervezas.

Luz le dio a Danny un golpecito en el brazo.

—Te he lavado la camisa, Danny, y también los pantalones, así estarás elegante en la *fiesta*. Están colgadas en la ventana para que se te sequen. Con dos hombres tan guapos... las *señoritas* irán detrás de vosotros dos, y yo me pondré celosa.

En su voz resonaba un curioso deje que Danny no había oído nunca, algo que apuntaba a la necesidad de aclarar las cosas y de saber quién eres y qué camino llevas. En fin, al menos seguía ocupándose de hacer la colada.

Mientras Luz subía a la habitación a arreglarse, el tirador explicó a Danny lo que había sentido cuando escuchó rezar el rosario al crepúsculo. Danny nunca lo había visto tan pensativo.

Le propuso que fueran a visitar a un individuo llamado Ian que vivía en un cerro, a espaldas de la posada. El tirador había hecho un reconocimiento exhaustivo del pueblo el sábado por la mañana. Delante de la casa encontó un letrero en el que se anunciaba que allí vivía el tal Ian No-sé-cuántos, que había publicado un libro titulado *El tesoro de Sierra Madre: continuación*. El tirador dijo que la novela original de B. Traven era uno de sus libros preferidos, un retrato quintaesenciado de la codicia y la traición, si bien jamás había oído que existiera una segunda parte, por lo cual deseaba saber a qué se dedicaba el tal Ian. Tras la excursión por el campo, pensaba Danny, ahora iban a dedicarse a explorar la arqueología literaria de Sierra Madre.

La visita a casa de Ian resultó de lo más interesante en el viejo sentido de lo macabro, en el sentido de esa maldición china que dice «ojalá vivas tiempos interesantes». Ian tenía un cáncer que le carcomía la cara, problema de salud bastante corriente entre los gringos de piel muy blanca que no usan sombrero de ala ancha cuando pasean bajo el sol de México. Y el caso de Ian parecía grave, ya que había perdido la mitad de la nariz, aparte de sufrir otras feas mutilaciones. Sin embargo, se alegró de verlos. De hecho, parecía entusiasmado de que hubieran pasado a visitarlo, y sacó otros dos vasos para compartir con ellos el tequila que ya llevaba un rato trasegando. Tanto Danny como el tirador dijeron que no probarían el tequila, pero Ian les llenó los vasos hasta arriba. Es bastante jodido tener que beber siempre a solas.

Danny no podía dejar de mirar a la cara de Ian, al principio le pareció que no podría evitarlo. Era una visión espantosa, sobre todo si uno se fijaba en que se le veía todo el interior de la nariz. Procuró distraerse observando la vivienda de Ian, pero le costaba esfuerzo no mirarle a la cara. Al cabo de unos minutos de pecar de semejante falta de cortesía, Danny se echó al coleto el tequila de un trago, dejó que se le asentase en el cuerpo y se sintió algo mejor. En cuestión de diez minutos pudo abstenerse de mirar a los agujeros que tenía Ian en la cara, de contemplar sus ojos acuosos y se concentró en lo que les iba diciendo.

Ian había hecho muchas cosas en sus buenos tiempos. Saltaba a la vista que había ganado un buen dinero dedicándose a la compraventa de tierras en Texas, y al parecer había invertido las ganancias en una enorme explotación minera llevada a cabo en comandita con el gobierno de México. Dijo que había recorrido todo el centro de México en su Chevrolet Blazer en busca de plata. Todo se fue al garete; Ian lo perdió todo, incluida la cara y la mujer, que había muerto de diabetes años antes. Parecía un tipo bastante jovial, aunque Danny se dio cuenta de que sus risas eran una máscara superficial, transparente, que no ocultaba la pena causada por sus muchas pérdidas: su cara, su mujer, su dinero.

Aunque a Danny no le pareció verdad, Ian sostuvo que su nombre de pila significaba «Dios es misericordioso», y lo repitió una y otra vez.

—No me puedo quejar de nada... Joder, he disfrutado de una buena vida.

Lo decía así, se pegaba otro lingotazo de tequila, se

quejaba otro poco y volvía a asegurar que había disfrutado de una buena vida.

Ciertamente había escrito una continuación de *El tesoro de Sierra Madre* y la había remitido a uno de los tiburones del medio editorial, a Nueva York, el cual afirmó que era agente literario y que estaba dispuesto a leer el manuscrito por 700 dólares. El agente le escribió para decirle que Ian tenía verdadero talento literario, si bien el libro no era publicable tal y como estaba. Le aconsejó que lo dejara a un lado y que se embarcara en un nuevo proyecto. Al agente le encantaría leer cualquier otra obra de Ian por otros 700 dólares poco más o menos, pero Ian estaba en la ruina: no tenía ni siquiera 700 dólares, no tenía otro manuscrito, no tenía siquiera una idea para escribir otra cosa. Danny sintió cierta simpatía por él.

El tirador comentó que Danny también era escritor, y así logró que Ian le dedicara toda su atención.

—¿Qué has escrito? —preguntó éste muy excitado—. ¿Alguna cosa que me suene?

A Danny no le apetecía nada iniciar una discusión sobre el oficio de escritor, ya que acto seguido Ian querría el nombre y el número de teléfono de la agente de Danny, y Martha ya tenía manuscritos en abundancia, por docenas e incluso por centenares, de toda clase de tipos como Ian, de todos los rincones del mundo, deseosos de publicar como fuera. Aquellos manuscritos estaban apilados y ordenados en un rincón de su despacho, a la espera de terminar en el incinerador sin que nadie los hubiera leído.

Danny miró el reloj y dijo que ya era hora de recoger a Luz para ir al baile.

—¡Un momento! —suplicó Ian quejoso, a la vez que servía a Danny otro trago de tequila—. Cuéntame qué has escrito.

—Bah, poca cosa, unos cuantos artículos aquí y allá. Nada digno de tenerse en cuenta.

Danny empezó a sentir cierta claustrofobia, ganas de salir de allí y de disfrutar de la música y las luces, ganas de bailar con Luz María y de sentir su cuerpo contra el suyo.

Se puso en pie cuando Ian comenzó a enredar con un ordenador que parecía haber adquirido por lo menos diez años antes en un establecimiento de poco fiar. La máquina utilizaba disquetes de un tamaño que ya ni siquiera se fabricaba. Tenía sesenta disquetes llenos, ¿sabían ellos dónde podía conseguir más? No tenían ni idea; Danny comenzó a bajar las escaleras de casa de Ian, sintiéndose poco o nada festivo con la *fiesta* que empezaba a celebrarse.

El tirador hizo un alto antes de bajar la escalera.

—Ian —dijo—, si quisiéramos tomar una ruta llena de paisajes insólitos para llegar a la frontera, si quisiéramos perdernos por carreteras comarcales, ¿se te ocurre por dónde podríamos ir?

Danny vio confirmadas sus sospechas. Había tenido la impresión de que el tirador estaba interesado en Ian por motivos no estrictamente literarios. Ian les dijo que deberían sentarse de nuevo y tomarse unos cuantos tequilas con él, y entonces les diría todo cuanto sabía acerca de la campiña mexicana, de los rincones menos frecuentados, y eso que era mucho lo que sabía. Además, dentro de un rato iría a verlo un tal Gustavo para jugar una partida de dominó, y ése sí que sabía mucho de rutas panorámicas.

Ian se ventiló un tequila doble, puede que triple, y empezó a tener verdadero aire de loco. Tanto Danny como el tirador se disculparon y salieron con la excusa de que Luz les estaba esperando. Mientras bajaban las escaleras, Ian les dijo prácticamente lo mismo que Danny había dicho antes al tirador: en México era posible llegar prácticamente a cualquier parte por carreteras comarcales, sobre todo con un todoterreno, pero era preciso saber muy bien por dónde ibas, ya que de lo contrario era fácil quedarse sin gasolina, sin agua y sin tiempo, y sobre todo sin la menor idea de dónde cabría encontrar sustancias tan elementales.

Los despidió agitando los brazos.

—Por ahí es fácil morirse de cualquier cosa mala: las serpientes, los escorpiones, el sol. —Trazó con la mano un amplio arco de casi trescientos sesenta grados—. México, sobre todo en lo más recóndito, es un hijoputa. La verdad es que lo es en todas partes, jamás te concede un respiro. Fijaos qué ha hecho conmigo.

Descartado, pues, el plan C. Tendrían que tomar las rutas principales o bien optar por el plan A, que seguía siendo un secreto. Danny oía la música y veía las luces de colores colgadas sobre una explanada de cemento que era la pista de baile, al pie del cerro en que vivía Ian. Era hora de irse de fiesta quizá por última vez, al menos en una buena temporada.

Cuando Danny y el tirador abrieron la cancela de Ian y bajaron hacia la cantina, Ian los llamó a voces.

—Eh, volved mañana por aquí, hablaremos otro rato. No olvidéis que el gran adversario del arte y de todo lo demás es la vida apresurada. Tal como nos decían en la Segunda Guerra Mundial, los ocho enemigos de la supervivencia son el miedo, el dolor, el frío, la sed, el hambre, la fatiga, el aburrimiento y la soledad. La prisa es el noveno.

—Así que estás seguro de que era él. —Walter McGrane había echado una siesta de unas cuatro horas en plena tarde y se encontraba mejor, alerta, deseoso de dar por zanjada la misión y salir a toda caña de México para volver a la civilización. Habló en tono cortante con el policía que tenía delante, y notó un acre olor a chile cuando el hombre eructó.

—*Señor*, seguro que era él. Estaba sentado en el porche de la cantina.

El otro policía meneaba la cabeza de arriba a abajo para confirmar con vehemencia lo que decía su socio.

—¿Y estaba con un hombre y una mujer?

—*Sí.*

—¿La mujer era mexicana y muy guapa?

—Desde luego, *señor.* Muy, muy guapa. —Con las manos dibujó en el aire la silueta de una mujer esbelta.

—¿Qué aire tenía el otro?

El policía se encogió de hombros y alzó las palmas de las manos.

—Pues... aire de gringo. Un *norteamericano* como otro cualquiera, o eso creo.

Walter McGrane se volvió hacia los hombres que vestían sendas cazadoras y estaban a sus espaldas.

—Ensillad los caballos. Nos largamos al amanecer.

Los hombres de las cazadoras asintieron y se sonrieron uno al otro.

VALS LENTO EN ZAPATA

Luz estaba de pie en el porche de la cantina cuando el tirador y Danny volvieron de casa de Ian. La joven había pedido prestada una plancha y había planchado el vestido amarillo; se había bañado, se había lavado el cabello negro y se lo había dejado suelto y liso. Llevaba una flor de hibisco naranja claro sujeta detrás de la oreja izquierda. De cerca y con el tiempo, hasta lo exótico resulta corriente y moliente, y con la rutina diaria de la vida Danny a veces olvidaba qué bella podía llegar a ser Luz María. Tenía una belleza única, cálida y sin afectación, casi campesina, aunque encerraba también algo más, algo cercano quizás a la realeza.

Al dar la vuelta a la esquina y verla en el porche de la cantina, Danny cayó en la cuenta de que siempre la había considerado una muchacha. Pero andando el tiempo María de la Luz Santos se había convertido en una mujer, adquiriendo todas las características que definían a una mujer hecha y derecha. Y Danny, sin saber muy bien cómo, se había perdido esa transformación.

El tirador no podía quitarle los ojos de encima: se quedó quieto, mirándola como si estuviera atontado, hasta que recuperó el dominio de sí mismo. Carraspeó y se sentó en la balaustrada del porche removiendo el polvo con su bota de monte, contemplándose primero los pies y fijando luego la vista en la bóveda nocturna y las estrellas esparcidas por el cielo.

—Estás todo lo guapa que se puede estar, Luz, e incluso yo diría que más —dijo Danny.

Ella le sonrió y lo tomó del brazo, cogiendo con el derecho al tirador, para echar a caminar los tres despacio por la calle adoquinada, en dirección al lugar donde resonaba la música.

El baile se celebraba en un sitio cercano a la plaza al que llamaban *el Centro*. Era una especie de centro comunal al aire libre, de unos nueve por quince metros, con paredes de cemento, suelo de cemento y un aro para jugar al baloncesto en uno de los extremos.

Cuando entraron en la pista de baile Danny miró hacia el cerro que se levantaba tras *el Centro*. A unos treinta metros de altura, algo a la derecha, vio a Ian y a otro hombre —al parecer, su amigo Gustavo—: bebían y jugaban al dominó bajo el amarillo anaranjado de una bombilla desnuda. Ian echaba atrás la cabeza cada vez que daba un trago de tequila, a la vez que escuchaba la música que flotaba desde la pista de baile y recordaba los sueños de plata que había perseguido por los cañones de México. Joder, no había sido mala vida, ni mucho menos, y Dios era misericordioso cuando el tequila le permitía serlo.

La banda de música había llegado en un Volkswagen Escarabajo de color verde. No estaba del todo claro cómo habían metido allí dentro dos guitarras, una trompeta, un acordeón y un contrabajo, así como cinco personas. Lo cierto era que lo habían hecho y que allí estaban, tocando su música en *el Centro* cuando ya era de noche.

Los *hombres* habían sacado brillo a su único par de botas y se habían puesto camisas limpias; iban de un lado a otro con las cervezas en la mano. Las *señoritas* estaban sentadas en grupos, en el extremo más alejado de la entrada; algunas eran casi tan hermosas como Luz, y ya estaban dispuestas a poner a los hombres de rodillas y obligarles a rezar, sólo por permitirles mirarlas y contemplar todas las posibilidades que ofrece una mujer preciosa en una noche como aquélla. Los chiquillos de camisa blanca y pantalón negro correteaban y patinaban sobre la pista de baile, igual que las niñas de vestido y zapatos blancos. El baile tardaba en comenzar, y Danny recordó las fiestas del instituto en Kansas, con las chicas sentadas en un lado a la espera de que sus héroes se armasen de valor para pedirles un baile.

A eso de las nueve y media unas cuantas parejas evolucionaban por la pista, y algunas otras daban la impresión de estar a punto de hacerlo. Danny preguntó a Luz si no le apetecía un baile. Se dejaron llevar por la música y bailaron de maravilla un vals lento y hermoso, mientras la trompeta y el acordeón ejecutaban espléndidas y antiguas armonías mexicanas. Luz olía como las flores después de la lluvia, y en sus brazos le producía a Danny una intensa sensación de bienestar, tanto que en el acto tuvo ganas de llevársela a la cama. En ese momento la quiso más de lo que nunca la había querido, deseó tenerla desnuda y jadeante para inclinarla como la hierba mecida por una brisa de verano y acercársela de nuevo haciéndola regresar del lugar hacia el que parecía alejarse. La atrajo más hacia sí y le dijo lo que estaba pensando. Al declinar la canción ella le sonrió con la boca y con los ojos de tal manera que le insinuó que todo era posible y que todo llegaría bien pronto.

Bailaron una canción rápida, una de esas polcas mexicanas cuyo ritmo a Danny se le escapaba, si bien Luz se rió y lo guió, llevándolo por la pista y haciéndolo como es debido. Danny estaba sudoroso y Luz parecía tan fresca como cuando estaba en el porche de la cantina. Se acercaron a donde estaba el tirador, apoyado de espaldas contra la pared. Cuando llegaban a su altura, sonrió y aplaudió sin apenas hacer ruido.

—Muy bonito —dijo.

Danny viró hacia un tenderete situado al otro extremo de la pista. Al pasar por delante de las *señoritas* que estaban sentadas en una hilera, les sonrió y ellas soltaron unas risitas cuando él las saludó: «*Buenas noches, señoritas.*» Los *hombres* que estaban junto al tenderete en que se servía la cerveza no se rieron cuando los saludó, pero tampoco parecieron demasiado hostiles al decirle «*Buenas noches*» y seguir bebiendo sus Pacíficos. Mientras Danny esperaba a que le sirvieran, oyó que uno decía algo acerca de «dos gringos, una mujer». Los demás se rieron; seguramente imaginaban alguna procacidad que los dos gringos y la mujer pudieran llevar a cabo más tarde, a oscuras.

La banda se tomó un descanso. Luz, Danny y el tirador permanecieron cerca de la pared sur de *el Centro* sin decir gran cosa, disfrutando de las risas y el bullicio de la gente. Apareció el cura del pueblo y saludó a todos los presentes, cosa que aquietó un poco los ánimos. Algunos escondieron las cervezas tras la pernera del pantalón con evidente timidez. Cuando se fue *el padrecito*, Danny observó que las botellas de Pacífico aparecían de nuevo y pensó en lo adorable que a veces puede ser la hipocresía como cualidad sumamente humana.

Llegó un momento en que Danny sintió genuina lástima por el tirador; fue la única vez en que llegaría a tener de veras ese sentimiento hacia él. Danny y Luz habían vuelto a bailar otra canción y volvieron luego donde estaba Clayton Price, que seguía apoyado contra la pared de cemento. Ella le tendió ambos brazos para indicarle que estaba deseosa de bailar con él, pero él negó con la cabeza y sonrió con timidez.

Ella insistió.

—Es que no he bailado nunca —reconoció él en un susurro.

—Venga, no me lo creo —dijo Danny—. ¿Nunca? Alguna vez, en alguna parte has tenido que bailar...

—No, no he bailado nunca. De verdad.

Extraño, rematadamente extraño. En un mundo lleno de gente que baila, aquel hombre de cincuenta y tantos años afirmaba no haber sostenido nunca a una mujer entre los brazos al compás de la música. Era en efecto un bicho mucho más raro de lo que Danny había supuesto. A Danny tampoco se le daban demasiado bien los bailes, pero había dedicado infinidad de noches a bailar. Un poco de cerveza, un poco de música, sostener a una mujer cerca de sí... Y cosas mucho mejores que vendrían después con un poco de suerte.

Clayton Price se miró las botas polvorientas.

—Lo único que pasa es que nunca he estado en un sitio donde todo funcionara... La música, una mujer con la que bailar... En toda mi vida he estado en un sitio así.

Alzó la mirada, despojado por un instante de su aire de sujeto implacable, como si de hecho estuviera pidiendo —una sola vez, nunca más— que por un instante le fuera dado entender dónde había estado y cómo había sido su vida, ver lo que no había hecho y lo que nunca había tenido: los columpios en un porche pintado de blanco, las noches de verano en Kansas y la voz de una muchacha camino de convertirse en mujer, una muchacha que le hablase de sus sueños y del suéter nuevo que había comprado para pasar las frescas noches que los dos tenían por delante.

Y Danny recordó las bravatas de sus tiempos en Columbia, Misuri, cuando se pasaba la noche entera bailando con Missy Morganthal al son repetitivo de Chubby Checker y de Bo Didley. Más o menos en aquella época, Clayton Price habría estado tendido bajo la cálida lluvia de la selva, a miles de kilómetros de distancia, con hormigas en las piernas y mosquitos que le chuparían la sangre de la cara, con un mortífero trozo de metal entre las manos. Clayton Price se encerraría en su burbuja mientras Danny jugaba a meterle mano a una compañera de clase bastante borracha, llamada Missy. Una noche, Missy se desnudó del todo y bailó una salvaje versión de un twist mientras sus compañeras de colegio mayor ponían los ojos en blanco y los compañeros de Danny se lanzaban a un baile tribal, apremiándola a que siguiera y chillando como si fueran hombres primitivos con el hacha en la mano y dispuestos a luchar.

En ese momento, a medio mundo de distancia, el tirador podría estar mirando a una mujer no mucho mayor que Missy por la mira telescópica de su rifle; la habría visto agacharse para mear un momento antes de volarle la tapa de los sesos desde muchísimos metros de distancia, nada más disiparse la niebla. Joder, no era de extrañar que Clayton Price nunca hubiera aprendido a bailar. Y Danny Pastor sintió lástima por aquel hombre delgado, a la vez que volvía a sentirse culpable por una serie de motivos que no tenía nada claros.

—Yo te enseñaré a bailar, no temas. —Luz miraba a la cara al tirador con una dulce sonrisa en los labios. Habló en voz tan baja que Danny apenas la oyó—. Esperaremos a que toquen una canción lenta.

Si dependiera de mujeres como Luz, seguramente seríamos una especie mucho mejor. Danny se puso a reflexionar sobre esa certidumbre. Allí estaba un hombre, Clayton Price, que parecía haber olvidado los violentos actos que había cometido, los más violentos que se pueda imaginar; un hombre que probablemente nunca había amado a nadie con un mínimo de duración y de intensidad, y que sin embargo se achantaba sólo con pensar en moverse al compás de la música con una mujer en los brazos. Y Luz María estaba frente a él, dispuesta a resolver el problema de una forma tan dulce como amorosa, dispuesta a enseñar al muchacho algo más que el mero hecho de ser hombre, algo que era preciso hacer poco a poco, tal como lo hacen las mujeres... si es que los hombres les dejan.

Sonó un tema rápido y luego uno de esos valses lentos que tan bien tocan los mexicanos, con el acordeón como instrumento solista. La noche era cálida y húmeda. A Clayton Price se le formaban gotas de sudor en la frente y en el cuello... debido al calor, quizá más bien por el miedo de salir a bailar.

Sin llamar la atención, Luz lo llevó de la mano a una zona en donde apenas había nadie, en donde los *hombres* no podrían verles del todo bien. Bajo una buganvilla color magenta que asomaba por el muro, ella le puso la mano izquierda sobre el hombro, colocó la mano derecha del tirador en torno a su cintura y le tomó la mano izquierda con su mano derecha. Se movieron despacio, al principio sin seguir el compás, aunque poco a poco se plegaron al ritmo de la canción.

El tirador era torpe pero siguió con ello; a pesar de la vergüenza estaba dispuesto a intentarlo. Desplazaba sus largas piernas con rigidez, con inseguridad, y arrastraba sus botas de monte de aquí para allí, pero Luz insistió y logró que la cosa saliera bastante bien. Salió bien gracias a Luz y gracias a que el tirador sentía por ella algo que no conseguía entender del todo, porque un buen día, a mitad de camino, había terminado por desear la música y la blandura, y porque no sabía por dónde empezar, dónde encontrar lo uno y lo otro, hasta que conoció a Luz. Pasara lo que pasase más adelante, pensó Danny, Clayton Price podría decir que una cálida noche, en Sierra Madre, había bailado con una mujr que llevaba una flor de hibisco naranja claro en el cabello negro. Danny no pudo contener una sonrisa; fue raro, fue muy raro, pero le asomaron las lágrimas a los ojos cuando los contempló a los dos.

Terminó la canción y volvieron adonde estaba Danny. Luz sonreía, y el tirador sonreía algo cohibido. Éste encendió un cigarro y se apoyó contra la pared, exactamente en donde estaba antes, sin poder borrar esa sonrisa de sus labios, que siguió flotando en su cara como si fuera algo involuntario. Estaba saboreando el momento, imprimiéndolo como si fuera una flor en su memoria.

Luz y el tirador aún bailaron unas cuantas canciones más, siempre temas lentos. Danny observó la hilera de *señoritas* que no parecían emparejadas con nadie en concreto y preguntó a una de ellas si le apetecía bailar con él. Llevaba un vestido estampado en rojo y unos zapatos negros de tacón alto, e iba con el pelo recogido en la nuca por medio de un broche de metal. Sus amigas se rieron por lo bajo y ella las miró levemente colorada, pero complacida en el fondo de que un gringo de cierta edad quisiera bailar con ella. Tomó la mano de Danny cuando él se la ofreció. Tenía un rastro de sudor en el labio superior y olía a calidez y a honestidad, como la tierra misma después de que el sol la hubiera recalentado durante un largo día de verano.

Se llamaba Nacha y no hablaba inglés, pero Danny y ella se entendieron de maravilla en la pista de baile. Al cabo de dos canciones la llevó al banco y pidió un baile a otra *señorita* que estaba sentada a su lado. A la postre bailó con casi todas —las flacas y las gruesas, las guapas y las que no lo eran tanto— y, teniendo en cuenta que no sabía si volvería a bailar alguna vez, y menos aún cuándo, hubo algo especialmente grato, especialmente auténtico en bailar con una hilera de *señoritas* una cálida noche de mayo, en la mitad de su vida.

LA HUIDA HACIA EL NORTE

Danny, Luz y el tirador se marcharon del baile poco después de la medianoche, cuando el ambiente se iba caldeando más de la cuenta. Minutos antes, dos de los *hombres* comenzaron a darse empujones uno al otro en un rincón de la pista, de modo que era hora de irse. Anduvieron por los adoquines camino de sus habitaciones, se detuvieron un instante y vieron una luna creciente que se balanceaba por el suroeste, sobre las faldas de Sierra Madre. Luz tarareaba una canción que había tocado la banda, y Danny estuvo seguro de que era la canción a cuyo son había bailado por primera vez con Clayton Price.

Sin embargo, el baile no había concluido. Pasaron por delante de un umbral abierto y vieron a una mujer que mecía a un niño bajo la luz de una bombilla desnuda, cantándole a la vez que daba vueltas al compás de un vals lento. Bailaba por toda la habitación y el bebé, con una camisola blanca, sonreía mirando a la mujer y emitía gorjeos de placer. Danny miró al tirador, que miraba a Luz, que estaba sonriendo. Los tres tuvieron la sensación de estar espiando algo tan privado que pertenecía únicamente a la mujer y a la criatura, de modo que siguieron su camino. Habían presenciado un antiquísimo baile que ni Danny Pastor ni Clayton Price entendieron muy bien. Sin embargo, las mujeres sí entendían cosas así; Luz lo entendió, y Danny notó una punzada de dolor por ella, adivinando que acababa de recordar un caluroso día de julio en Puerto Vallarta, un día en que hizo algo que no deseaba hacer y lo hizo porque él insistió en que lo hiciera, y él le compró un casete Panasonic después. Y aquello también lo lamentaba. A lo largo de los últimos días, Danny había empezado a lamentar unas cuantas cosas.

Danny estaba cansado; Luz y el tirador en cambio parecían reacios a dar la noche por terminada. Sin embargo, a la sazón se fueron cada uno a su habitación; Danny y Luz hicieron el amor, y fue tan estupendo como siempre, aunque en ella hubiera algo un tanto distanciado, como si estuviera en otra parte incluso cuando apretaba su vientre contra el suyo.

Danny despertó cuando el amanecer aún asomaba tras los montes del este, con el silencio y la noche más allá de la ventana. Luz se había marchado. Volvió unos minutos más tarde, desnuda y caminando de puntillas, para tenderse junto a Danny. Él no se movió, se hizo el dormido. Ella permaneció a su lado tarareando en voz muy queda la misma melodía que tarareaba horas antes, al volver del baile. Algo había en ella, algo que a Danny le dijo que estaba sonriendo.

Danny volvió a dormirse quizá durante una hora, y despertó cuando oyó que alguien aporreaba con urgencia la puerta de la habitación.

—Sí, sí, un momento —dijo poniéndose deprisa los vaqueros.

Clayton Price estaba de pie, con la luz del amanecer a sus espaldas. Los gallos cantaban y rebuznaban los burros, y algunos perros peleaban en algún rincón de la calle como si fueran lobos despedazándose unos a otros.

—Levantaos, listos para largarnos —dijo el tirador—. Ahora mismo.

—¿Qué sucede?

—No lo sé, pero algo no marcha bien del todo. Me lo noto en las tripas. Voy a echar un vistazo; vuelvo en cinco minutos. Quiero que estéis preparados en cuanto regrese.

Danny meneó a Luz hasta despertarla. Cuando volvió el tirador los dos se habían vestido; aún tenían el picor del sueño, pero cada vez estaban más conscientes. Luz se sentó en la cama y Danny se inclinó sobre el lavabo y notó el bulto de los dos mil quinientos dólares que había sacado del compartimento secreto del saco de dormir para guardarlos en el bolsillo delantero izquierdo de los pantalones. El tirador cerró la puerta y se quedó plantado nada más entrar, con sus pantalones y su camisa tejana, con su clásico chaleco de fotógrafo. En la pared de atrás, encima de su cabeza, un pequeño lagarto estaba adherido a la superficie de adobe, con la cola hacia el techo, silencioso e inmóvil, a la espera de que algo que valiese la pena pasara a su alcance.

—Ayer por la noche hice una llamada telefónica. Bajé a la entrada y saqué de la cama al dueño, le convencí de que era urgente. Llamé a un tipo de Monterrey. —Hizo un gesto hacia Danny—. Ya lo llamé el otro día, cuando fuiste a Mazatlán, e hice algunos acuerdos preliminares con él. Es un viejo amigo mío, un ex militar que ahora está bien colocado en el servicio diplomático de Estados Unidos. Una vez le salvé la vida en la selva, así que me lo debe. Le pregunté cómo estaba la situación. Me dijo que como me cargué al oficial de la Marina en Puerto Vallarta, se ha corrido la voz de que he perdido los papeles, de que ya no se puede confiar en mí, de que quizás haya decidido arreglar viejas cuentas que pueda tener pendientes por todas partes. Por eso viste a los gringos con aspecto de funcionarios allá en Concordia. Son tipos muy duros de pelar, de la CIA o de alguna agencia aún peor. Mi contacto en Monterrey dice que todos vienen a por nosotros... o al menos a por mí. No dije nada de vosotros dos. Por otra parte, ten en cuenta que hay muchísimas personas que nos han visto a los tres juntos durante estos últimos días. En fin; sea como sea, esto va a parecer lo de Cortés cuando huyó de Tenochtitlán.

Una vez más el tirador asombró a Danny. De pronto le daba por citar la historia de México. Peor aún: empezaba a considerarse idéntico a Hernán Cortés aquella vez en que los mexicanos intentaron impedirle la retirada al cortar el paso que unía su fortaleza isleña con la tierra firme. Esa composición de lugar sin duda convertía a Luz en Malinche, la concubina de Cortés. ¿Y Danny? ¿En qué se convertía Danny? En el conductor, todo lo más en un soldado raso. En Chicago nunca se vio en esa situación. Allí, Danny volvía a su apartamento de noche, después de entrevistar a los gángsters de turno. Esto era muy diferente: no podía largarse a su casa, ponerse el pijama y escuchar música de Dave Brubeck.

El tirador seguía hablando sin perder una leve sonrisa, casi como si disfrutase con todo aquello. Qué joder, puede que se lo esté pasando en grande, se dijo Danny. Empezó a preguntarse si Clayton Price no se habría metido en una situación así precisamente para encontrar por su cuenta el camino de salida, y se le ocurrió que tal vez ni siquiera aspirase a salir del embrollo. Danny se refugió en la idea de que Cortés al menos había conseguido romper el bloqueo sin perder más que a muy pocos hombres, y escuchó las palabras del tirador.

—Así están las cosas. Me explico. No creo que tengamos ni la más remota posibilidad de salir de aquí por carretera. Según mi fuente de información en Monterrey, hay controles en las principales rutas, y todo el que parezca mínimamente sospechoso es detenido. No me ha quedado más remedio que llamar a todos mis colegas, pero he conseguido que un helicóptero venga a recogerme. Por eso llamé ayer por la noche, para que me diera la confirmación. Está previsto que llegue en unos veinte minutos. Me transportará hasta la frontera repostando por el camino, y me dejará en las cercanías de Brownsville. De allí huiré por mi cuenta adonde pueda.

Hablaba de forma cortante, como si expusiera un informe de campaña y se dispusiera a dar los pasos necesarios para que la partida terminase de acuerdo con sus intenciones.

—El helicóptero llegará desde el este, por detrás de los montes, y tomará tierra en un claro que hay frente a una mina situada algo más abajo del pueblo. Luz y yo fuimos paseando allí el otro día.

Danny recordó lo que había dicho Luz el sábado, que el tirador había hecho una llamada telefónica y que no dejó de decir «BA, mina de plata». No estaba muy desencaminada. Lo que en realidad dijo el tirador al hablar por telefóno era «PA, mina de plata»: punto de aterrizaje en la mina de plata.

—Tienes aún la posibiliad de elegir —prosiguió Clayton Price mirando fijamente a Danny—. Puedes aprovechar el viaje en helicóptero o probar suerte y salir de aquí al volante del Bronco. Cuando se hagan una idea de lo que está pasando, deberías haber vuelto a Puerto Vallarta y haber dicho a todo el que pregunte por tu ausencia que te fuiste de excursión con tu novia, que tuvisteis una pelea y que ella se largó con viento fresco. Ah, me olvidaba. En la parte posterior del retrete de tu casa, en Puerto Vallarta, está sujeta con cinta adhesiva la pistola que utilicé para dar el golpe. Seguramente querrás desprenderte de ella.

—¿Quieres decir... que pretendías cargarme a mí el muerto?

—No era tan mala idea. Me viste cometer el atentado, así que yo podía haber soplado algo a la policía después de llegar a Estados Unidos. Encuentran el arma y te detienen; te meten en el trullo al menos mientras intentan aclararse. Dudo mucho que llegaran a creer que aquello fuese obra de un tipo como tú. De todos modos, si no encontrasen a ningún otro sospechoso, el arma habría sido prueba más que suficiente para condenarte, colgarte o hacerte lo que suelan hacer aquí abajo. Así podrían haber dicho que capturaron al culpable y cerrar el caso.

—Eres un perfecto hijo de puta.

—Ya te lo dije antes —sonrió el tirador—: éste es un juego duro y cruel, pero tú has cumplido con tu parte, así que pienso concederte la absolución y la libertad. A propósito: Luz quiere venirse conmigo al norte.

—¡Y una mierda!

—Pregúntaselo tú mismo.

Danny miró a Luz y ella asintió con la mirada clara, lista para irse con él.

—Por todos los diablos, ¿por qué?

En el fondo, ya lo sabía: Luz quería ir al *Norte* y el tirador iba a ser su correo. Sin embargo, le hizo la pregunta.

Ella no contestó. Tan sólo miró al tirador.

—Yo no estoy seguro de ser capaz de amar en absoluto —dijo él—, pero tú, Danny, tú amas con demasiada timidez. Y no sé qué es peor. Tienes una manera más que brusca de tratarla casi a cada paso, como si fuera una furcia de la calle parcialmente reformada. Ella dice que yo la trato con respeto. Saca tu propia conclusión.

Danny respiró hondo, tembloroso, y miró un momento por la ventana. Luego miró a Luz y se fijó en que llevaba puesto el brazalete del tirador. Éste vio adónde miraba Danny.

—El brazalete lleva una pieza de oro de ciento veinte gramos debajo de la pintura azul. Si se tuercen las cosas, de ahí sacará dinero para el viaje. —El tirador titubeó un momento hasta que se aclaró el nuevo panorama; acto seguido metió la mano en el bolsillo y entregó un puñado de billetes a Danny—. Aquí tienes el resto de los cinco mil que te debía. Decídete, Danny Pastor. He estado mirando por los alrededores hace un rato y no he visto nada por ahí, pero he aprendido a fiarme de lo que me dicen las tripas, y hoy no tengo buenas vibraciones. Si quieres, ven con nosotros. Por el camino le pegaremos fuego al Bronco. Y si no te vale, quédate con el Bronco y prueba a largarte, a ver si hay suerte. Por tu cuenta y riesgo es probable que lo consigas; nadie va buscando a un gringo que viaje solo.

—¿Y qué te dicen las tripas? —preguntó Danny.

—No estoy muy seguro. Algo he oído por la carretera, algo que sonaba como el cambio de marchas de uno de aquellos viejos camiones con capacidad para transportar dos toneladas y media de soldados. He dado una vuelta por ahí, pero no he visto nada. De todos modos, cuando te dedicas a mi oficio se te desarrolla un sexto sentido, y a ese tipo de sentimientos uno aprende a hacerles caso.

—¿Tú qué crees que está pasando?

El tirador miró su reloj.

—El helicóptero llegará dentro de un cuarto de hora. Ya te he dicho que no lo sé muy bien. Si tuviera que hacer una suposición, yo diría que los policías me reconocieron ayer por la noche. Ya viste de qué manera me miraban...

Clayton Price nunca llegó a terminar la frase: calló y aguzó el oído para captar el ruido de unos pasos, de alguien calzado con botas recias en el interior del patio. Se levantó la pernera del pantalón y extrajo la Beretta, entreabrió la puerta y miró hacia fuera.

Se volvió un instante hacia Luz y Danny sin dejar de esbozar su media sonrisa, como si un viejo arco estuviera tensándose en su interior, listo para soltar la flecha.

—Esto va a ser la de Dios. —Se tendió sobre el abdomen y abrió la puerta para salir reptando hacia la balconada.

Danny oyó voces abajo y vio al tirador con la Beretta entre ambas manos, apuntando. El ruido que produjo el disparo en el patio cerrado fue semejante al de un cañón de gran calibre. Disparó otras tres veces y se puso en pie de un salto.

—¡Vamos! ¡Seguidme!

Llegó el momento decisivo para Danny, una ramificación más del complicado árbol que comenzó a crecer en El Niño seis noches atrás. Podría haberse quedado agazapado tras una de las camas para explicar después todo lo ocurrido con la esperanza de salir del atolladero, pero por la razón que fuera jamás llegó a considerar siquiera esa opción, y obedeció las órdenes del tirador sin vacilar. En ese momento le pareció lo más natural, lo más acertado: la energía del presente había subvertido cualquier otra alternativa.

Echaron a correr por la balconada y bajaron las escaleras. Sobre las baldosas yacían tres hombres con el uniforme del ejército mexicano, y las armas estaban esparcidas. Dos tenían sendos agujeros en la cara, y al tercero, que se revolvía y gemía, le sangraba el pecho en abundancia.

Llegaron a la puerta de la cantina y echaron un vistazo. Entre los árboles de la plaza se movían más hombres uniformados, y también por la estrecha callejuela que había enfrente.

El tirador hablaba deprisa.

—Hay una puerta lateral por la cocina. Tomad el camino que lleva a la mina de plata, Luz sabe dónde es. Esperadme allí y permaneced ocultos; por ahí fuera habrá gente dispuesta a todo, a abatir cualquier cosa que se les antoje.

Agarró a Danny por el hombro, lo miró directamente a los ojos y sonrió de nuevo con su extraña mueca endurecida, con arrugas en la cara y una tremenda seriedad en los ojos.

—Tendríamos que haber comprado aquel maldito ocelote... Tendríamos que haberlo hecho, Danny Pastor. Nos vemos en la mina de plata.

Dio a Danny la señal de «andando» y se volvió hacia la puerta principal de la cantina. Danny agarró a Luz y siguió sus órdenes. Atravesaron la cocina y se agazaparon tras unos arbustos nada más salir. Cuatro soldados salieron de la plaza en dirección a la cantina, tres con los rifles apuntados hacia la entrada, el cuarto con un arma automática. Por haber visto al tirador en plena faena y sabiendo que daba prioridad al enemigo con mayor potencia de armamento, Danny se dijo que «el payaso de la automática será el primero». Dicho y hecho: cayó sujetándose el cuello con las manos ensangrentadas nada más disparar el tirador.

Fue entonces cuando un puño de potencia desmesurada pareció aporrear Zapata para poner en libertad todas las antiquísimas furias que un pueblo de montaña hubiera visto a lo largo de un dilatado pasado: los franceses, los españoles, el ejército regular mexicano. Y una vez más estalló Zapata en una tormenta de arena y polvo, de ruido y de caos, de crueldad.

De los cuatro soldados que se habían acercado a la cantina, los tres que quedaban buscaron resguardo tras los árboles de la plaza. De nuevo sonó el estrépito de la Beretta y uno de ellos se desplomó y rodó sobre los adoquines. Al mismo tiempo, otro contingente de soldados y unos cuantos *federales* aparecieron corriendo por una de las calles que desembocaban desde el oeste y llegaron a *el Centro*, donde Luz y Danny y Clayton Price habían bailado la noche anterior.

Tal como os diría Danny Pastor, de no haber tenido tantísimo miedo en esos instantes, habría considerado la escena como algo dotado de inmensa belleza. Las imágenes siguen siendo cristalinas en su memoria, y así es como ha terminado por verlo, como algo dotado de una terrible belleza, cada vez que piensa en lo ocurrido aquella mañana.

El tirador salió del porche de la cantina y, agachado, corrió sin dejar de disparar. Llegó a la esquina de la plaza y se llevó por delante a uno de los *federales* que iban al galope con sus botas de vaquero. A partir de ahí, todo fue una violenta coreografía. El tirador iba corriendo... saltando..., corriendo y saltando con elegancia por encima de la valla que rodeaba la plaza... entre los árboles. El sonido de los disparos se oía por doquier. Las balas se clavaban en las paredes de adobe, o bien arrancaban las hojas y la corteza de los árboles, o hacían añicos los cristales de las ventanas.

Desde su escondrijo, Danny de algún modo pudo admirar al tirador en ese momento, y lo vio como si fuera un viejo león rodeado por los chacales o tal vez como un toro en los sangrientos festejos de Coria, según se mire. Estaba acorralado, pero era dueño de la situación e iba a dar la cara, sin que Danny viera en su apostura el menor asomo de pánico. Danny perdió la cuenta, pero Clayton Price no dejó de abatir soldados a medida que se le echaban encima, matando a unos e hiriendo a otros.

Coloca sus disparos... de uno en uno... y no todos

son mortales... pero todos ellos parecen alcanzar a un enemigo.

... Clayton Price se mueve... dispara a la izquierda... se vuelve en redondo... devuelve un disparo...

Agazapado, encorvado... a través de los árboles.

el tableteo de un arma automática... no habrá tregua... va en serio... a lo bestia

... duro, cruel, sin cuartel... la luz del sol... una mañana resplandeciente...

dos burros corren desatados por la calle... uno de ellos cruza la línea de fuego de una ametralladora

revienta... cae... da coces en los adoquines y rebuzna con un último rebuzno de burro moribundo, un ruido horrible...

el tirador tras el quiosco

... un hombre con cazadora en la entrada de la iglesia, con un insólito rifle apoyado sobre la piedra del umbral, pensando

un disparo, un muerto...

Los soldados emprendieron la retirada y comenzaron a desmontar piedra a piedra el quiosco de música con fuego cruzado de armas automáticas. Una furgoneta blanca irrumpió en la plaza a toda velocidad. El burro abatido en plena calle obligó al conductor a dar un volantazo, y Walter McGrane se cubrió el rostro cuando la furgoneta atravesó la valla y chocó contra un árbol. Otro hombre vestido con cazadora salió a gatas por la puerta de atrás, se puso trabajosamente en pie y echó a correr cojeando, balanceando en una mano un Remington de cañones recortados. Un soldado mexicano, presa del pánico, se puso a disparar contra todo lo que se le acercase, hasta que abrió fuego contra el hombre de la cazadora, el cual lo despedazó con un solo disparo de su Remington. Se desató una lucha intestina: otros soldados apuntaron contra el de la cazadora, convencidos de que era el hombre al que tenían que abatir. El del Remington hizo trizas a otro soldado antes de gritar a voz en cuello y con abundantes palabras malsonantes, en castellano, que él no era el objetivo.

El tirador reptaba a toda velocidad alejándose del quiosco, hacia el sur, cada vez más cerca de la valla que rodeaba la plaza. Danny vio a un hombre en el umbral de la iglesia: oteaba el panorama a través de una mira telescópica que apuntaba hacia una parte de la valla situada a menos de treinta metros de él. En ese momento su rifle dio un bandazo sin haberse disparado; el cura del pueblo peleaba con el hombre a la vez que gritaba protestando contra la profanación de la casa de Dios.

Clayton Price vio al cura y al del rifle y supo que le había faltado tan sólo un par de segundos para morir allí mismo sobre la hierba. Llegó a la valla agachado, mirando por encima del hombro y escuchando el fuego de las automáticas contra el quiosco; la piedra se astillaba en el aire por el impacto de cientos de balas. El francotirador por fin se desembarazó del cura y lo golpeó en la nariz con el canto de una mano. Al caer el cura al suelo, el hombre de nuevo apuntó el arma y ya buscaba su objetivo cuando una de las balas de la Beretta de Clayton Price le dio de lleno en el pecho. Se tambaleó caminando hacia atrás y se perdió en la oscuridad del templo cuando Clayton Price se ponía en pie para echar a correr hacia la puerta de la iglesia.

Danny vio al tirador corriendo hacia el santuario, lo vio llegar a la puerta y entrar a toda velocidad, seguramente para buscar una de las salidas laterales y seguir corriendo por la cuesta que bajaba desde allí por la colina.

Luz y Danny echaron a correr por el camino de la ladera, a resguardo de la plaza gracias a los árboles y algunas casas. Saltaron por encima de una cerda y sus cochinillos que les bloqueaban el paso. La cerda se incorporó gruñendo y los cochinillos se pusieron a chillar.

El camino llegó a una bifurcación. Luz señaló a la derecha y desde allí comenzaron a correr cuesta abajo. Tropezó y cayó sobre la gravilla, rodando unos cinco o seis metros por la pendiente, despellejándose la piel contra las rocas y desgarrándose la blusa. Al ayudarla a levantarse, Danny oyó el inconfundible ruido de un helicóptero que descendía por una oquedad entre dos cerros. Estaban por encima de la zona principal del pueblo; Danny permaneció quieto unos segundos, procurando hacerse una idea más o menos aproximada de lo que estaba ocurriendo. Por debajo de donde estaban los dos, más cerca del punto de aterrizaje que ellos mismos, vio al tirador arrodillado, recargando su automática. Joder, no era más que una pequeña pistola, y con ella estaba sometiendo a una reducida fuerza de invasión, aunque Danny comprendió que todo terminaría muy pronto... a no ser que llegaran cuanto antes al helicóptero. Los enemigos eran demasiados, y eran tipos duros incluso para Clayton Price.

Un gringo con una cazadora azul avanzaba a rastras hacia el tirador con un arma lista para disparar. Los soldados seguían de cerca al hombre de cabeza, ahora ya con mayor cautela. Danny estaba seguro de que el hombre iba a acertar en su disparo contra Clayton Price, que seguía introduciendo municiones en su automática. Y fue curioso... fue curioso que la lealtad de Danny en cierto modo se desplazara y se alejara de las fuerzas de la ley para acercarse a otra cosa muy distinta. Tuvo la sensación de que debería avisar a gritos a Clayton Price, advertirle de lo que le venía por detrás, formar parte de esa vieja costumbre norteamericana que tiende a favorecer al perdedor en toda suerte de situaciones.

Sin embargo, Clayton Price no iba a necesitar la ayuda de Danny. Se introdujo tras un matorral, colocó un cargador en la Beretta, se tendió sobre el abdomen y esperó hasta ver los pies de su enemigo. Se oyó el chasquido de la Beretta y una bala se clavó en la rodilla derecha del perseguidor. Cuando éste trastabillaba e instintivamente se agachaba para tocarse el hueso astillado, el tirador salió agazapado y le metió otra bala en el cuerpo. El hombre se tambaleó y se desplomó de bruces, con lo cual su Remington recortado cayó al suelo y se disparó, dándole de lleno en toda la cara. A sus espaldas, los soldados retrocedieron y se lanzaron al suelo preguntándose qué demonios pintaban ellos en medio de un hatajo de gringos enloquecidos, que intentaban matarse unos a otros.

El tirador echó de nuevo a correr dirigiéndose hacia la mina de plata. Luz y Danny comenzaron a avanzar deprisa; a Luz le sangraba la cara y los brazos y la espalda. El helicóptero ya estaba a punto de posarse. Se reunieron con el tirador a menos de cincuenta metros del punto de aterrizaje. Éste tenía grandes manchas de sudor en las axilas, la camisa vaquera pegada al cuerpo y sangre en un hombro. Era evidente que lo habían alcanzado, aunque no era grave. Parecía un gato grande, se movía igual, con una curiosa luz en los ojos, una luz salvaje y sin embargo concentrada, y respiraba agitadamente, como si le faltara el aire y estuviera de nuevo en un arrozal.

Los tres permanecieron agazapados unos instantes, mirando en derredor. Tras ellos, los soldados habían visto la maniobra del helicóptero y, reagrupados a las órdenes de un oficial, avanzaban a resguardo de la maleza hacia la mina de plata.

—¡Venga, ahora! —siseó el tirador. Agarró a Luz de la mano y echó a correr hacia el helicóptero que se posaba sobre la gravilla a la entrada de la mina, con las hélices del rotor levantando una polvareda rojiza.

Danny se puso en pie, resbaló sobre unas piedras sueltas y se incorporó, resbaló de nuevo y siguió a Luz y al tirador, que ya le llevaban diez metros de ventaja. Se oyeron disparos allá atrás, y las balas levantaron nubecillas de polvo al dar contra el suelo. En medio de la polvareda y con el sudor en los ojos, Danny vio a Luz y al tirador muy por delante de él; Luz estaba derrengada, e iba arrastrada por una flecha llamada Clayton Price.

Puede que lo consigamos, se dijo Danny. Puede que sí... Por Dios, vamos a lograrlo...

—¡Corre, Luz! —gritó Danny.

Se abrió la puerta corredera del helicóptero. En medio del remolino de polvo, Danny vio a dos hombres agachados en el interior: dos hombres que apuntaban sus armas automáticas directamente contra Luz y contra Clayton Price. Y los hombres comenzaron a disparar no por encima de sus cabezas, sino contra ellos y contra Danny. Danny se echó de bruces en el suelo y se deslizó sobre las piedras cortantes, desgarrándose el pecho. Delante de él, el tirador frenó en seco y comenzó a tirar de Luz hacia donde se encontraba Danny. Luz estaba confusa, pues Clayton Price le gritaba que corriese hacia el punto del que venían.

«Oh, no —gritaba Danny por dentro—, oh, no... ¡Maldita sea, no! ¡No, Luz no!»

La línea de fuego del helicóptero barrió el camino de Luz y del tirador como si fuera la inmensa hoja de un cuchillo invisible. Los dos dieron un salto, se volvieron y cayeron; el tirador no soltó la mano de Luz, y a ella le manaba la sangre de la cara. El tirador protegió a Luz con su cuerpo a la vez que apuntaba su pistola hacia el helicóptero. Al segundo disparo alcanzó a uno de los dos hombres. El otro se escondió dentro, fuera de su vista.

El tirador logró ponerse en pie a duras penas y arrastró a Luz consigo. A Luz una bala le había atravesado la mejilla y sangraba por otros tres puntos, en el pecho, pero seguía viva; Danny la vio aferrarse a la camisa de Clayton Price, a su pelo, mientras la cabeza se le bamboleaba de lado a lado, vagamente consciente de lo que estaba ocurriendo, pues el terror a la muerte y el instinto se habían adueñado de sus movimientos.

El tirador se echó a Luz sobre el hombro izquierdo, con las piernas por delante, y avanzó dando tumbos hacia Danny. Y en la memoria de Danny Pastor es duradera la visión de Clayton Price llevando a Luz María en medio de la polvareda, avanzando con las piernas dobladas que le empezaban ya a flaquear, pero empeñado en avanzar y negándose a poner fin a lo que mejor sabía hacer Clayton Price. Nunca jamás, en los tiempos venideros, olvidaría Danny la mirada del tirador en esos instantes en que sangraba por una docena de heridas, con una oreja reventada: ya no era un ser humano, sino algo completamente distinto, un ser bestial, con los ojos como platos y la mirada demenciada, presa de una trascendente agonía y sin mirar a Danny, sino a un punto a espaldas de Danny, como si Clayton Price se hallara en un lugar cuyas leyes sólo él podría llegar a entender. Con Luz sobre el hombro, sacó la Beretta y comenzó a disparar por encima de la cabeza de Danny, contra lo que viniera de aquel lado.

Danny se lanzó a una zanja, entre los arbustos, y le gritó «¡Por aquí!». El tirador, con la camisa y el chaleco y los pantalones empapados de sangre, le oyó a pesar de todo y echó a caminar hacia él. Ya no quedaba gran cosa de la mujer que acarreaba al hombro, la mujer suave y morena que pocas horas antes llevaba una flor en el cabello y un vestido amarillo cuando bailó con un hombre que jamás había bailado antes. Luz María ya no se movía. Sus ojos opalescenes y su cabeza pendían inertes aun cuando Clayton Price siguiera llevándola al hombro.

Un arma automática volvió a disparar desde el helicóptero. El tirador dio un traspié y cayó de rodillas, se levantó de nuevo y siguió adelante con Luz sobre el hombro. Danny veía el recorrido de las balas sobre el polvo, y vio llegar el camino trazado por los proyectiles hasta Clayton Price y hasta Luz. Cuando las balas los acribillaron, Clayton Price se dio la vuelta hacia el helicóptero e intentó apuntar con la Beretta, pero lo que había sido su cara desapareció al instante en un estallido de carne y de huesos. Cayó a escasa distancia de la zanja y dejó de sostener a Luz sobre el hombro. Los dos yacían enmarañados, y sus cuerpos no dejaban de sacudirse al pasar sobre ellos dos una última rociada de balas de arma automática. Después, los soldados abrieron fuego sobre el helicóptero, y el arma automática que alguien disparaba desde dentro se centró en ellos.

El helicóptero levantó el vuelo. A Danny nunca le ha quedado del todo claro quién estaba con quién aquella mañana. En medio de la aparente confusión, nadie estaba del todo seguro de quién era su aliado y quién su enemigo, de modo que todo el mundo se puso a disparar indiscriminadamente contra todos los demás. A los soldados nadie les dijo que el helicóptero estaba de su parte, o tal vez alguien no deseara que lo supieran. Y puede que tampoco estuviera de su parte, puede que a fin de cuentas hubiera tres bandos. Pasado un tiempo, aquello dejó de tener importancia.

Danny comprobó cómo se encontraba. El pecho le sangraba por habérselo erosionado al caer de bruces, pero por lo demás estaba bien. Llamó a gritos al tirador y a Luz, pero no obtuvo respuesta. Tampoco la esperaba. Desde donde los dos quedaron tendidos en el suelo sólo llegaba el silencio, y Danny estaba seguro de que así sería para siempre. Clayton Price había dejado de sobrevolar las lagunas en otoño, había encontrado su reposo, y se había llevado con él a Luz María.

Danny se puso en pie y echó a correr por el arroyo, agachándose de vez en cuando hasta llegar a la parte principal del pueblo. Había cesado el tiroteo, los aldeanos se asomaban cautos a las ventanas y a las puertas, había cadáveres por toda la plaza, aunque no tantos como le pareció a Danny cuando el tiroteo estaba en pleno apogeo. Había tres hombres en la plaza, dos heridos y apoyados contra el quiosco de música. La furgoneta Ford blanca se había incendiado, el humo negro se elevaba veloz en el aire de montaña. Dentro, un gringo con una chaqueta de safari empapada de sudor yacía derrumbado entre el asiento y el motor que se había incrustado en la cabina. Danny observó desde detrás de un edificio la explosión de la furgoneta y el fuego que prendió en los árboles de la plaza.

Danny llegó al Bronco, puso tracción a las cuatro ruedas y maniobró por la selva para subir luego despacio por una ladera al noreste del pueblo. Ya en la carretera de Durango volvió la vista atrás y vio el pueblo y los alrededores. Cerca de la mina de plata, los hombres arrastraban cuerpos por el polvo y dejaban un rastro húmedo y oscuro.

Se propuso despejarse la cabeza y siguió conduciendo por la carretera de Ponuco. Cuando llegó al desvío de la vieja iglesia de Guadalupe, recorrió el lecho del río por espacio de uno o dos kilómetros y aparcó tras unos arbustos. Don José Fierro oyó llegar al Bronco y se acercó a ver qué sucedía. Los asuntos de este mundo no eran de su incumbencia, y poco le importaba lo que hubiera podido ocurrir más allá del reducido universo que vigilaba.

Danny se quedó tres días con el custodio de Guadalupe. Don José Fierro le aplicó un emplasto de barro y hierbas en los cortes que Danny se había hecho en el pecho. Fuera lo que fuese aquel engrudo, sus heridas dejaron de sangrar. Don José le dio una de sus camisas; le quedaba muy pequeña, pero Danny se lo agradeció y le dio cien pavos cuando se marchó de allí al atardecer del tercer día. Al viejo no le importaba el dinero, pero lo aceptó e hizo un vago gesto en dirección a la iglesia, dando a entender que su dinero sería empleado en reparaciones y mantenimiento.

Recorridos cinco kilómetros por la carretera de Durango, Danny hizo un alto y bajó del Bronco. El promontorio en que se hallaba terminaba en un precipicio de trescientos metros en cuyo fondo crecía un amasijo vegetal. Enfiló a Vito hacia el despeñadero, puso punto muerto y apagó el motor. Con dos empujones, el Bronco se precipitó al vacío hasta estrellarse contra los árboles y la maleza. Los últimos días habían parecido de película.

Una hora después Danny paró un autobús que circulaba camino de Mazatlán. El autobús atravesó los montes, y al pasar por Zapata Danny no dejó de mirar al frente.

En las afueras de Concordia, los fabricantes de muebles trabajaban al atardecer y el humo de la leña con que cocinaban las mujeres se esparcía por la carretera. Los niños jugaban por allí cerca, los perros permanecían tumbados bajo las mesas de los restaurantes. A Danny, al pensar en la guerra desatada en Zapata tres días antes, le parecía curioso que la vida de aquella gente no se hubiera alterado. Lo que a Danny le resultaba inmenso no era nada para ellos. México había absorbido el impacto de los golpes y había seguido adelante, igual que siempre.

A pocos kilómetros de Concordia el autobús atravesó un barranco y Danny miró hacia el arroyo en que Clayton Price y Luz se habían aseado una semana antes. En la gasolinera de la Pemex, al sur de Mazatlán, los restos calcinados de una camioneta Ford blanca estaban apartados del resto de los vehículos. Caía la tarde y era hora punta, por lo que se habían formado largas colas de automóviles a la espera de respostar gasolina.

UNO HACE LO QUE PUEDE

Danny pasó dos día en Mazatlán, en un hotel para turistas, convencido de que allí nadie prestaría demasiada atención a un gringo, pues la ciudad estaba llena de gente como él. Salió de la habitación una sola vez para comprar un par de camisas, unos vaqueros y los periódicos. En los periódicos no se decía nada del tiroteo, claro que para entonces ya era agua pasada: desde que se produjo habían transcurrido cinco días. Después sí apareció un breve artículo en la edición regional de *Time*, bajo el título TIROTEO EN LAS MONTAÑAS.

El artículo era un mero esbozo; tan sólo decía que en el pueblo mexicano de Zapata había tenido lugar un tiroteo entre elementos del ejército mexicano y un ex marine que se había vuelto loco. Se citaban las palabras de un comandante del ejército según el cual la misión había sido todo un éxito, que todo había sido una breve escaramuza matinal en la que no hubo soldados heridos, mientras que el ex marine fue abatido. En el artículo se identificaba correctamente al francotirador como Clayton Price, y se apuntaba que de él no se sabía gran cosa al margen de su trayectoria en el estamento militar, que había durado ocho años. Se mencionaba su Corazón Púrpura y otras medallas al mérito militar que le fueron otorgadas por los servicios prestados en Vietnam, amén de citar a una fuente no identificada del servicio diplomático según la cual el señor Price se había convertido en un asesino degenerado después de su salida del estamento militar. Luz tan sólo aparecía como «una mexicana no identificada que era la chica del gángster». También se decía que un hombre blanco no identificado estuvo con ellos dos, aunque no se encontró ni rasto de él.

En Mazatlán, Danny compró una destartalada camioneta Dodge utilizando una buena porción de los cinco mil dólares que le había entregado Clayton Price. Enfiló la Ruta 15 rumbo a Puerto Vallarta, e hizo un alto en Escuinapa, donde compró una potente linterna, unos alicates y un cortafríos. A última hora de la tarde tomó la carretera de Teacapán y se detuvo tras recorrer nueve kilómetros. La jaula seguía estando a la sombra del banano, el ocelote daba vueltas sin cesar. Danny aparcó en un muelle abandonado que se internaba en el lago o el estuario, o como se llamara aquel remanso de agua, y fingió estar interesado por el panorama.

Después de anochecer arrimó la camioneta a la jaula del ocelote y se aproximó a él con la linterna enfocada en el suelo. El gato dejó de dar vueltas y gruñó, se lanzó contra la alambrada de la jaula y enganchó en ella un colmillo. No iba a ser nada fácil.

Danny esperó a que el felino se tranquilizara un poco y decidió utilizar los cortafríos de mango largo, arrancando el candado que mantenía cerrada la jaula. El hierro era dulce, de modo que logró partirlo al segundo intento. Enganchó los alicates en la portezuela de la jaula y la abrió de golpe, dejando caer las herramientas y corriendo al momento hacia la camioneta. El felino salió de la jaula y salió disparado a través de la carretera, hacia un campo cercano, antes de que Danny pudiera cerrar la portezuela de la camioneta. Observó al *gato* moverse veloz bajo la luz de la luna e internarse en la hierba hasta desaparecer.

Al día siguiente, por la tarde, el destartalado Dodge había llegado al norte de Puerto Vallarta. Danny apenas recordaba el camino recorrido desde Mazatlán; pensaba, recordaba y meneaba la cabeza al considerar su arrogancia y el modo en que el deseo suple al raciocinio en las cálidas noches, en una ciudad costera de México o, a decir verdad, también en el columpio de un porche pintado de blanco en Kansas.

Dobló a la derecha y al cabo de treinta y tantos kilómetros llegó a donde moría la carretera en el pueblo costero de Punta de Mita. Danny compró una cerveza y salió a pasear por la playa, para sentarse en la orilla. En la quietud, escuchó el rumor de las olas y pensó en Luz, recordando las veces en que se bañaron allí desnudos a la luz de la luna. Ella salía del agua apartándose de la cara la larga melena negra que le llegaba hasta los hombros, riéndose a la vez que envolvía las piernas en torno al salvaje expatriado al que llamaban Danny Pastor. Desde aquello parecía que hubiera pasado muchísimo tiempo.

Danny permaneció allí sentado varias horas, aunque volvió al bar de la playa a por más cerveza y regresó a la orilla varias veces. Cerró el bar y él siguió sentado en la arena, mirando las isletas rocosas y recordando a María de la Luz Santos. Era hermosa... y cálida... y capaz de amar con una hondura poco común, capaz de todas aquellas cosas que él no había apreciado en la medida suficiente mientras ella estuvo con él. Ojalá se hubiera casado con ella, se dijo, ojalá se la hubiera llevado al norte. Ya no se sentía como un salvaje expatriado. Se sentía como un perfecto idiota, y sintió compasión de sí mismo.

Danny llegó a Puerto Vallarta y abrió la puerta de su vivienda a medianoche. Todo estaba en calma y olía un poco a rancio, pero por debajo se percibía el aroma de Luz, su perfume, su aceite hidratante en las sábanas. Encendió las luces y fue de inmediato al cuarto de baño en busca de la pistola. No estaba allí, pero alguien llamó entonces a la puerta. La abrió: tres policías y un hombre trajeado. Éste llevaba en la mano una bolsa de plástico que balanceó delante de las narices de Danny.

La bolsa contenía el arma del tirador, la que había disparado en El Niño. Al parecer, alguien se había enterado de algo y había hablado del asunto. Probablemente fuera el individuo que se cabreó con Danny por haberle llenado de humo maloliente el apartamento una noche de la semana anterior. Mierda, a saber quién se había ido de la lengua. En el fondo daba igual. Más adelante oyó un rumor: la policía se había trabajado a Felipe a lo bestia, y él a la fuerza dijo que Luz y Danny estaban en El Rondo la noche de los asesinatos, y que se fueron en compañía de Clayton Price.

Danny fue condenado a diez años debido a varias acusaciones inconcretas, algo relacionado con «la ayuda prestada a los elementos criminales». La aparición del arma homicida en su vivienda fue una prueba circunstancial de peso, pero lo cierto es que nunca llegaron a acusarlo de haber disparado el arma.

Al cabo de diecisiete meses en una cárcel de Ciudad de México, un buen día se abrió la puerta de su celda, le dijeron que era libre y que se largara de México para nunca más volver. *Vamos, ¡ándele!* No mediaron explicaciones ni nada por el estilo. Al parecer, se habían hartado de darle de comer por la cara, o eso fue lo que él supuso. Lo acompañaron a la estación y le dieron un billete de ida a Laredo.

Desaparecido Clayton Price, Danny se hizo el sueco y escribió toda la aventura mientras estaba en la cárcel; luego sobornó a un carcelero para que remitiese el manuscrito a su agente de Nueva York. Nunca volvió a ver el manuscrito, nunca supo nada al respecto. Puede que no le llegara. Puede que sí. Al infierno. En cualquier caso, era un escrito bastante entrecortado.

Danny había guardado una reserva de dinero de emergencia en un banco de Chicago al cual recurrió. Con los intereses, la cantidad sobrepasaba por poco los seis mil dólares. Compró otra vieja camioneta y puso rumbo al sur, pasó la frontera y llegó a Zapata tres días más tarde.

Nadie se acordaba de él. Almorzó en la cantina y alquiló la misma habitación en la que se había alojado con Luz año y medio antes. Sentado en la cama, pensó en la última vez que habían hecho el amor en aquella misma cama. Fue paseando hasta la mina de plata y miró en derredor. No había ni rastro del tiroteo, pero tampoco contaba con encontrar nada. Sin embargo, removiendo el polvo encontró un casquillo oxidado de pequeño calibre. Posiblemente de la pistola del tirador. Se lo guardó en el bolsillo y aún lo conserva como una suerte de talismán, como una advertencia semejante a un tatuaje en el pulgar.

En el pueblo se habían instalado otros dos gringos con los cuales charló Danny aquella misma noche. Tomaron tequila y le obsequiaron con relatos del gran tiroteo de Zapata, que había pasado a ser parte de la larga saga del pueblo, una atracción turística por derecho propio. En su relato, el tirador se convertía en un personaje inmenso, tal como en cierto modo había sido. Y de Luz se decía que era una de las mujeres más deseables que jamás se hubieran visto en la tierra, tal como había sido, o al menos a esa conclusión le llevaron a Danny sus pensamientos.

Tan sólo se mencionaba de pasada a una tercera persona, a otro gringo. Nadie sabía con seguridad qué le había pasado, aunque algunos tenían entendido que murió en la cárcel.

—Si viene Gustavo por aquí —dijo uno de los narradores—, te cantará un corrido que escribió a propósito de todo este asunto. Qué demonios, si la mujer está enterrada en el cementerio de Zapata. De vez en cuando, la gente se acerca a visitar su tumba en las afueras.

A eso había ido Danny, a ver si alguien sabía dónde estaba enterrada Luz. Por pura curiosidad, preguntó qué se hizo del tirador. Uno de los gringos dijo que el asesino también había sido enterrado en el cementerio de Zapata, pero que alguien había robado la lápida y que nadie recordaba cuál era su tumba exactamente.

Para Danny, el paradero de los huesos del tirador no era demasiado importante. Tras haber conocido a Clayton Price, tras haberle oído hablar de su vida y su oficio, Danny terminó por pensar que siempre habría tiradores, y a ese respecto recordó algo que dijo en su día sir Thomas Browne: «Quién sabe cuál es el destino de sus huesos, con qué frecuencia va a ser enterrado.» Se imaginó que Clayton Price seguía rondando por ahí de una forma u otra, convertido en una sombra o en lo que fuera, dentro de su burbuja y mirándolo todo a través de una mira de nueve aumentos.

Danny dijo a la policía local que era hermano del primer marido que tuvo la mujer y que había venido a reclamar el cuerpo. El policía no le creyó. Danny sacó un billete de cincuenta pavos y el policía estuvo dispuesto a creer lo que hiciera falta, e incluso le ayudó a levantar la tierra de la tumba de Luz y a subir el ataúd de simple madera de pino a la camioneta. Danny volvió por la Ruta 15, rumbo al sur, y dobló una vez más al oeste, pasando por delante de la aldea en que estuvo enjaulado el ocelote. La jaula había desaparecido de debajo del banano.

Hizo un alto en las afueras de Celaya. Le costó un buen rato arrastrar el ataúd por la cuesta, pero lo consiguió tras mucho sudar y jadear, descansando a cada tanto e intentando no hacer caso del traqueteo que oía dentro del ataúd. Había moscas por todas partes, moscas que lo volvían medio loco, aunque trabajó durante la tarde entera hasta cavar una nueva tumba para Luz. Bajó el ataúd al agujero y lo rellenó de tierra, llorando entretanto de tal modo que apenas pudo ver lo que estaba haciendo.

A la puesta de sol dio por terminada su labor y volvió a la camioneta. En Escuinapa encargó una pequeña lápida de piedra. En español, decía así:

María de la Luz Santos
1971-1993
No queda nada más
que flores y tristes canciones

Arrastró la lápida por la cuesta y la colocó firmemente en la cabecera de la tumba. Por los campos de las inmediaciones buscó unas flores rojas que depositó sobre la tierra recién removida. Danny Pastor permaneció allí largo rato apoyado en la pala. La imagen de Luz enseñando a bailar al tirador aquella noche no se le iba de la cabeza. El vestido amarillo... la flor en su cabello... los pasos torpes de Clayton Price... la música que sonaba. Y recordó cómo Luz tarareaba suavemente la melodía después de regresar de la habitación de Clayton Price. Y recordó otra música, música caliente de salsa, y la sonrisa de Luz cuando bailaba desnuda en una habitación de Puerto Vallarta al compás de *La rosa negra*, que sonaba a todo volumen en el Panasonic.

La oscuridad había envuelto la campiña mexicana cuando pasó por el lugar en que estuvo aprisionado el ocelote. Danny redujo la velocidad y oteó los campos. No vio nada, claro. Probablemente, el felino estaría en un sucio zoo ambulante, o en la espalda de una parisina adinerada. Qué demonios, uno hace lo que puede.

Cuando desembocó en la Ruta 15, Danny se apoyó

en el volante y miró a un lado y a otro; los faros transitaban en ambas direcciones: camiones diesel, coches, autobuses verdes y plateados de la línea Pacífico formando largas colas. Al cabo de un rato dobló a la izquierda... Ya era tarde... demasiado tarde, e iba solo, camino del *Norte*.

AGRADECIMIENTOS

Deseo dar las gracias a mi esposa, Georgia Ann, que fue la primera que oyó contar esta historia en Puerto Vallarta, y que hace tiempo dijo que sonaba a verdad y que valía la pena contarla. Realizó varias entrevistas con unas cuantas personas, me ayudó a ensamblar los distintos pedazos del relato y los dos trazamos un esbozo preliminar durante un par de noches que pasamos en un sitio llamado Las Palomas, bebiendo los dos algo de cerveza Pacífico, sentados en una mesa en la que era posible apoyarse de espaldas contra la pared y abarcar de un vistazo todo el local, ver a todo el que entrase y al que paseara por la calle Aldama, a la izquierda, y todo lo que ocurriese por la calle Ordaz.

Quiero dar las gracias a Kathe Goldstein por ocuparse de todos los vocablos en español, a Mary Ellen Rochester y a Gary Thompson por proporcionarme informaciones diversas sobre Puerto Vallarta, y a Carol Johnson, Susan Rueschhoff, Gary Goldstein, Linda Kettner, Bill Silag y Shirley Koslowski, todos los cuales leyeron diversas versiones del manuscrito y me ofrecieron valiosos consejos al respecto. Gracias a Sam Cavness, vaquero y veterano de las selvas de Vietnam, por haber leído el manuscrito. Asimismo estoy agradecido a

Audrey Farrell, que trabajó durante varios años como ayudante mía, haciendo todo lo posible por ocuparse de mi organización mientras yo escribía este libro.

Y, por descontado, *muchas gracias* a mi amigo J. R. Ackerley, de Marble Rock (Iowa), que me acompañó dos veces a México en calidad de conductor. Aunque el Departamento de Estado de Estados Unidos aconsejaba por entonces a los viajeros que no tomasen la carretera de Durango debido a la intensa actividad de los bandoleros, y aunque nosotros íbamos en esa dirección, me negué en redondo a que llevara su automática del calibre 45 (y debo reconocer sin embargo que hubo unas cuantas ocasiones, perdidos en la campiña, en que pensé que ojalá la llevara encima). Desprovisto de su 45, J. R. sin embargo condujo con total seguridad y con un humor excelente por carreteras especialmente calurosas y transitadas, por apacibles montañas, mientras yo pensaba en Danny, en Luz y en un hombre llamado Clayton Price, en lo que debieron de sentir durante su fuga hacia el *Norte*.

La cita en la que se comentan las propiedades medicinales de la cerveza es de J. R. Se le ocurrió al final de un día caluroso y polvoriento en el que realizamos un largo trayecto por un remoto riachuelo y pasamos un rato con un hombre llamado don Francisco Quintera, que se hace llamar el «Custodio de Guadalupe».

Gracias, muchas gracias a mis amigos Willie Royal, violinista, y Lobo, guitarrista de flamenco, por todas las mágicas noches de música en un sitio llamado Mamma Mia. Mientras escribía algunas porciones de este libro estuve escuchando cintas suyas (Willie & Lobo, *Gypsy Boogaloo* y *Fandango Nights*, dos grabaciones editadas por Mesa Records). Y doy las gracias a todos mis amigos en la especialísima posada en la que tantas veces me he alojado al estar en Puerto Vallarta, por ser tan amables y tan dispuestos a ayudar. Gracias también a Daniel, que nos prestó un sitio donde descansar en las montañas, en un pequeño pueblo de la carretera de Durango, y nos contó historias de la campiña mexicana. Gracias a los ancianos del lugar que aquí he llamado Zapata, los que se reclinan en las sillas apoyados contra las paredes del pueblo, y fuman y descansan tras pasar el día faenando en los campos.

Algunas de las frases que contiene el dossier ficticio sobre Clayton Price están tomadas directamente de un libro de James W. Clarke titulado *American Assassins* (Princeton University Press, 1982).

Por último, debo hacer mención de una curiosa y espeluznante circunstancia relacionada con las investigaciones relativas a esta historia. Mientras recorríamos México en nuestro primer viaje de tanteo, por la misma ruta que habían trazado Luz, Danny y Clayton Price, J. R. me habló de un libro en el que se describía la vida y milagros de un famoso francotirador que estuvo en Vietnam. No recordaba el título del libro, pero dijo que era muy poco conocido y que me costaría mucho localizarlo. Al cabo de unas semanas de viaje nos instalamos en nuestro pequeño hotel de Puerto Vallarta para tomar desde allí el avión de vuelta a casa. Cuando ya me dirigía al taxi, pasé por delante de una repisa en la que los clientes del hotel dejaban y tomaban prestados sus libros. Sólo había uno en el estante, un libro de bolsillo bastante utilizado, medio descuajeringado, y era *el* libro: *Marine Sniper*. Tal como rubricará todo el que haya estado por ahí, allá a veces pasan cosas raras.

NOTA DEL TRADUCTOR

El traductor desea hacer constar su agradecimiento a Ana Martínez-Lage y a David Herren por su valiosa ayuda a la hora de desentrañar ciertos problemas de comprensión que de otro modo habría sido poco menos que imposible resolver.